怪诞历史

[英]乔恩·怀特 编著

郭雅晴 译

中国画报出版社·北京

图书在版编目（CIP）数据

怪诞历史 /（英）乔恩·怀特编著；郭雅晴译. -- 北京：中国画报出版社，2018.11（2019.2重印）

（爱因斯坦讲堂）

书名原文：ALL ABOUT HISTORY

ISBN 978-7-5146-1639-2

Ⅰ.①怪… Ⅱ.①英…②郭… Ⅲ.①世界史－通俗读物 Ⅳ.①K109

中国版本图书馆CIP数据核字(2018)第158155号

Articles in this issue are translated or reproduced from China Pictorial Press and are the copyright of or licensed to Future Publishing Limited, a Future plc group company, UK 2017. Used under licence. All rights reserved. *All About History: Annual 2018 (Volume 4)* is the trademark of or licensed to Future Publishing Limited. Used under licence.

北京市版权局著作权合同登记号：图字01-2018-4917

怪诞历史

[英]乔恩·怀特 编著　　郭雅晴 译

出 版 人：于九涛
策划编辑：赵清清
责任编辑：齐丽华
助理编辑：杜　莉
装帧设计：詹方圆
责任印制：焦　洋
出版发行：中国画报出版社
　　　　　（中国北京市海淀区车公庄西路 33 号 邮编：100048）
开　　本：16 开（787mm×1092mm）
印　　张：13
字　　数：180 千字
版　　次：2018年11月第1版　2019年2月第2次印刷
印　　刷：北京汇瑞嘉合文化发展有限公司
书　　号：ISBN 978-7-5146-1639-2
定　　价：68.00元

总编室兼传真：010-88417359　版权部：010-88417359
发 行 部：010-68469781　010-68414683（传真）

欢迎来到

怪诞历史

　　这本书不但讲述了专制君王"刺穿者弗拉德"（Vlad the Impaler）的残暴，还挖掘了约旦佩特拉古城（Petra）的渊源，叙述了维多利亚时代的君王是如何面对大厦将倾的命运的。此外，这本书还刻画了克利欧佩特拉（Cleopatra，埃及艳后）、血腥玛丽（Bloody Mary）和路易十四（Louis XIV）是如何深深地影响了其子民、并在历史上留下浓墨重彩的印记的。阅读本书，你会了解古罗马怪异的礼仪和信仰，知晓汉尼拔·巴卡（Hannibal Barca）是如何谋划复仇的，并探秘全世界最负盛名的运动——奥运会之源。本书将历史上发生的奇闻趣事收罗在一起，还等什么呢？赶紧坐下来，欣赏一个个精彩的历史瞬间，感受历史的跌宕起伏吧！

目 录

古代文明篇

11　佩特拉古城
耸立在悬崖边上的佩特拉古城是由岩石砌成的，它充分印证了纳巴泰人高超的建筑和工程技艺。

22　汉尼拔·巴卡：罗马之敌
让罗马共和国为之屈膝的复仇、武略和战象。

40　如何建立起一个维京部落殖民地
公元8至11世纪的欧洲，这些勇猛的北方民族有着出众的殖民技巧以及战斗天赋。

45　罗马的秘教
揭露罗马地下精神世界的神秘仪式和诡异礼制。

53　探秘大庙
1497年特诺奇蒂特兰（Tenochititlan）古城的阿兹特克大金字塔。

56　古代奥林匹克运动会
揭秘全世界最重要的体育盛事的起源。

65　古代埃及住所内部

国王和王后篇

71　尼罗河畔的蛇蝎美人：克利欧佩特拉
一场激烈的权力之争和一段被诅咒的爱情如何改变了埃及女王的命运。

87　法国国王路易十四
太阳王（Sun King）既是一座闪亮的灯塔，也是一股致命的破坏性力量。

92　都铎王朝国王亚瑟及其他七个失落的君主

104　受审的血腥玛丽
是亨利八世性格最极端的女儿还是新教宣传的受害者？

122　13位历史留名的王室情妇

神秘人物篇

141 探秘沙皇俄国"妖僧"拉斯普京变态的内心

159 约翰·迪伊（John Dee）
神秘学家，数学家，哲学家或间谍：跨越魔法和科学鸿沟的男人背后的秘密。

165 诺斯特拉德玛斯（Nostradamus）
有史以来最臭名昭著的神使之一——诺斯特拉德玛斯到底是神授的先知还是一个骗子？

170 炼金术士的秘密
中世纪的炼金术士尝试找到炼金和长生不老的古方，虽然均未能如愿，但现代科学的发展在很大程度上要归功于他们的技术。

182 真实的德古拉——刺穿者弗拉德
这个中世纪的军阀到底是一个嗜血的变态还是欧洲的救世主？

192 维多利亚时代的死亡崇拜

古代文明篇

探究奠定当今世界格局的帝国和文明

11　佩特拉古城
耸立在悬崖边上的佩特拉古城是由岩石砌成的，它充分印证了纳巴泰人高超的建筑和工程技艺。

22　汉尼拔·巴卡：罗马之敌
让罗马共和国为之屈膝的复仇、武略和战象。

40　如何建立起一个维京部落殖民地
公元 8 至 11 世纪的欧洲，这些勇猛的北方民族有着出众的殖民技巧以及战斗天赋。

45　罗马的秘教
揭露罗马地下精神世界的神秘仪式和诡异礼制。

53　探秘大庙
　　1497 年特诺奇蒂特兰（Tenochititlan）古城的阿兹特克大金字塔。

56　古代奥林匹克运动会
揭秘全世界最重要的体育盛事的起源。

65　古代埃及住所内部

佩特拉古城

耸立在悬崖边上的佩特拉古城是由岩石砌成的，它充分印证了纳巴泰人高超的建筑和工程技艺。

乳香树脂并没有什么值得玩味的。初次见到这种暗黄色的块状物，你很难感到眼前一亮。这种外形简单、多结节的树脂是由乳香树沥干的树液做成的，在其发展的鼎盛期，对向西延伸至地中海沿岸、向北和东延展至小亚细亚和波斯的贸易路线起到了极大的催化作用。正是控制这条贸易路线的游牧民族部落创造了中东地区最令人称奇且战栗的城市。

在约旦险峻而又寸草不生的瓦迪阿拉巴（Wadi Araba）地区的粉色砂岩悬崖边，矗立着佩特拉高耸入云的墓穴和纪念碑，其景致何其摄人心魄，它象征着纳巴泰王国（Nabataean Kingdom）的财富和权势。纳巴泰首府坐落于群山之巅，曾经是多么辉煌壮阔，尽管今天只剩断井颓垣，却无不显示着该文明古国建筑艺术的独特，反映着佩特拉人民对于水利工程的初期思考。然而，如果没有这些乳香树脂，所有这些灿烂繁华都将不复存在。

杰西卡·李（Jessica Lee）

作者自传

杰西卡·李是一位旅行作家，写有《约旦旅行攻略》（*Jordan Footprint Handbook*）。她花了5年时间带领世界各地来的旅行团游览约旦，过去10年间她都生活在中东。

香料买卖在古代非常流行。地中海沿岸和中东帝国无不崇尚乳香和没药（用于制做香水的芳香液状树脂）等香料，交易这些香料既是为了宗教仪式也是为了医学用途。希泰人（Hittites）、埃及人（Egyptians）、腓尼基人（Phoenicians）、亚述人（Assyrians）、希腊人（Greeks）和后来的罗马人（Romans）都认为这些香料对他们的敬拜礼仪来说是至关重要的。唯一的问题就在于，这些珍贵的材料只在一些特殊的地方生长。

乳香和没药只生长在阿拉伯半岛南部区域今天的阿曼（Oman）和也门（Yemen）。树脂交易很可能是从也门米尼安（Minaean）部落发展起来的，一旦贸易路线超出了他们所能经手的范围，该部落居民便会借助中间商的力量开枝散叶。在阿拉伯北部，中间商是由一群被称做纳巴泰人的四处迁徙的沙漠牧人组成的，由于踏足了香料贸易，这群人富裕了起来。

到了公元前2世纪，这些中间商掌控了整个帝国的贸易路线，使自己成为了整个区域的贸易大佬，从而占据了极其有利的商业地位。从那时起，阿拉伯出产的香草以及印度地区受人追捧的香料只有经过他们的首肯才能被销往西方世界。随之而来的财富和权力使得纳巴泰人感受到建立集权组织、结束游牧生活的必要性。佩特拉（Petra）曾一度有望成为整个帝国的商贸中心。

纳巴泰人究竟是何时迁徙至约旦南部峡谷（《圣经》中所载的以东土地）的尚未可知，但是考古证据表明，他们从公元前3世纪便充分利用起了该地的各种资源。从这个时候开始，纳巴泰人便在佩特拉建造了很多极具纳巴泰特色的建筑——很有可能就是从他们居住的帐篷周围的库房改造而来的。到了公元前2世纪，随着纳巴泰人部落内部建立了不同的小团体并服从于同一个君王的统治，他们那些易守难攻的营地开始作为权力基地，并发挥其作用。

对于野蛮而自立的民族来说，固若金汤的佩特拉古城极具魅力。公元前312年，在马其顿（Macedonia）将军安提戈涅一世（Antigonus，史称独眼安提戈涅）的带领下，佩特拉成功抵御了周边部落的侵袭，并通过向潜在的敌国进献礼物防范了可能发生的危机。事实上，佩特拉古城占据的地理位置如此优越以至他们本可以躲过湮没于历史长河的厄运的，至少可以被当地的其他部落所铭记。12世纪的十字军深切地知道这一点，他们在佩特拉境内的山巅建造了两座防御工事，然而，直到1812年瑞士探险家约翰·路德维格·伯克哈特（Johann Ludwig Burckhardt）在当地导游的陪同下巡游了佩特拉，西方世界才首次得知这个神秘的国度。

才刚走进佩特拉，伯克哈特就被岩石缝中耸立的纪念碑深深地震撼了。这种震撼的感觉千百年间从来没有变过。以西克峡谷（The Siq）为例，它是在高达180米的险峻岩壁间形成的一道极其狭窄的峡谷，游客可以经由此峡谷欣赏到矗立在崎岖的郊外高山间沟壑纵横的峡谷。在西克峡谷前往城中心的通道上，39.6米高的阿尔卡兹尼神殿（Al-Khazneh，国库）若隐若现，而艾德·戴尔山（Jebel ed-Deir）山坡那一排排螺旋上升的阶梯不过是45米高的艾德修道院（the Monastery）的剪影而已，在它面前，所有人都显得无比渺小。在最负盛名、最壮观的两座纪念碑之间坐落着一座宽阔的山峰，其间不仅密布着各种墓穴外墙，还有一座豪华的带柱廊的街道和庙宇的断井颓垣，这些无一不向我们诉说着佩特拉古城繁盛时期的风采。

工匠将佩特拉的巨型纪念碑雕刻成了高耸的悬崖峭壁，然而，这些峭壁却没有任何实际的科技价值。幸运的是，佩特拉尚且残留着一系列未竣工的幕墙，这使得考古学家得以理清其建筑手段。据我们所知，纳巴泰人是从建筑物的顶端开始雕刻，然后一直向下修建，为了爬到最高处，工匠很可能使用了脚手架或者绳索。通过使用丁字斧和凿子，陡峭的岩壁变得平滑了许多，如此才能打造出一个平坦的表面，这样可以在岩石上勾勒出建筑设计草图。起初，具体的雕刻工作是由埃及亚历山大等城市的顶级工匠完成的，这些人随后会将自己的技艺传授给当地的工匠。当整体装饰完成的时候，立体内室就会从悬崖边得以挖空成形。

由贸易支撑的经济体赋予了纳巴泰文明独特的全球化色彩。通过旅行和贸易，纳巴泰人得以感受到其他很多民族和帝国的生活方式及文化。他们的视野非常开阔，对于新鲜体验和外部环境的影响丝毫也不畏惧。这种与生俱来的自信逐渐发展成对其他文化取其精华，并且为适应自身需求而加以改良的强大能力。佩特拉的建筑无疑是纳巴泰人折中风格的最佳体现。

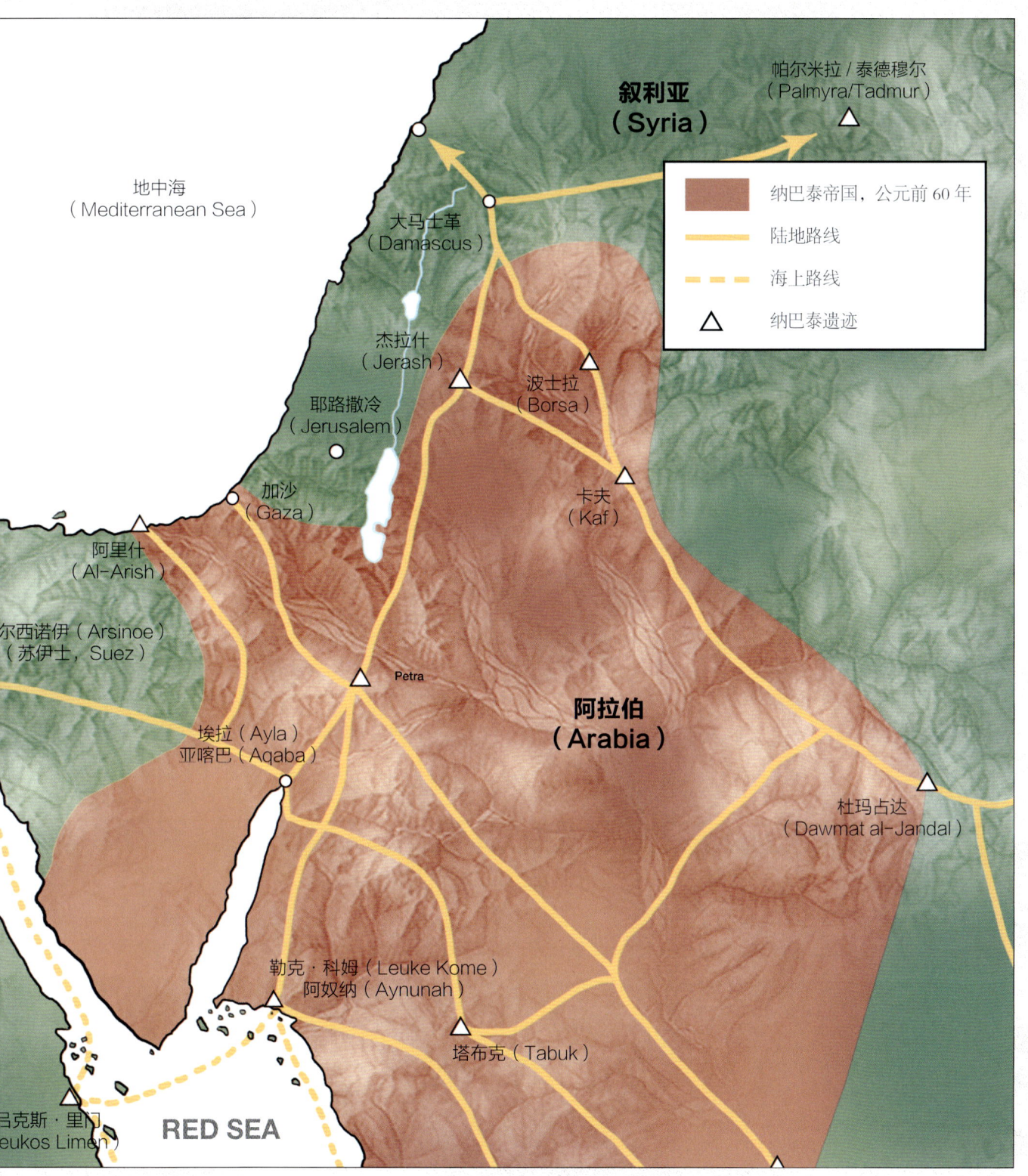

建立在峭壁边上的阿尔卡兹尼神殿照片

西克峡谷的水道是纳巴泰宏伟的水利工程杰作之一

从纯粹的风格角度而言,纳巴泰建筑相当庄严且有棱有角。在最典型的纳巴泰建筑中,你见不到任何有象征意义的图像,也几乎没有花哨的装饰。早期墓穴的上层空间通常以亚述人的阶式山墙风格砌成,巨大的门道两边则是素白的柱子,唯一的装饰物便是简单的一条多利安式(Doric)雕带。神像通常雕刻在岩石地貌中,或是以石块筑成,或是以简单、未经装饰的矩形雕刻品的方式呈现出来(通常称为神殿)。然而,后期的建筑就华丽得多了。

佩特拉著名的阿尔卡兹尼神殿呈现出独特的希腊设计风格,并且杂糅了埃及、罗马和希腊的肖像学和符号学因素。佩特拉剧院是以古典罗马风格建造而成的,后面又根据整座城独特的岩石地貌做了相应的调整——将整座建筑修建在岩石之巅。从万神殿(pantheon of gods)的演进、改变过程及装饰风格中,我们对纳巴泰文明的流动性和对其他文明的吸纳借鉴能力可见一斑了。

下层墓穴

考古学家于 2003 年开始挖掘,发现了 4 处山形墙风格的墓墙,它们比万神殿的地基低 6 米。在墓室内发现了许多碎裂的骨骼,证明这些墓穴的建造年份要追溯至公元前 1 世纪。

地表高度

墓穴是如何打通至万神殿地表之下的?事实上这并不是人为的。当纳巴泰大坝最终土崩瓦解的时候,暴涨的洪水反流回佩特拉地区。水中沉积了数个世纪之久的石头和沙土将万神殿的地基抬升了 6 至 7 米。

瓮

瓮悬于万神庙的正面，近些年来磨损程度越发加深。当地的贝都因人（Bedouin）由于深信瓮里封存着宝藏，便用来福手枪对其进行疯狂扫射，导致它现在看起来凹痕斑斑。

被损坏的浮雕

对阿尔卡兹尼神殿内的灿烂石雕进行破坏的是公元8世纪的反传统者，他们奉了哈里发·耶齐德（Calph Yazid）的命令对人像进行破坏。

神殿正面

阿尔卡兹尼神殿的正面高39.6米，宽28米。其典雅的风格是对科林斯式柱子和精致浮雕（绘成狮子、狮鹫和神明模样）的借鉴发扬。

砂岩

佩特拉红粉相间的砂岩悬崖贮存着丰富的铁和锰元素。这些矿物质造就了佩特拉独特的猩红色岩石，这些岩石纹理层众多，颜色也非常丰富，从黄色到灰色应有尽有。

建造阿尔卡兹尼神殿

阿尔卡兹尼神殿（名字意味着"宝库"）和其"宝库"这一称号没有任何关系；它并不是纳巴泰人储存宝藏的地方。21世纪中叶的考古学家认为，这座建筑是一处香堂。之所以得名宝库，是因为当地流传着这样一个神话传说：一位埃及法老为了追逐摩西和以色列人，不惜跋涉至以东地区，并在此过程中修建了这座庙宇，而他的宝藏则封存在庙宇正面的瓮里。

钻孔

阿尔卡兹尼神殿正面的两侧石壁上都有一排钻孔。考古学家认为，这些钻孔是充当梯子或脚手架之用的，让工匠能够沿着工作台爬上爬下。

尽管纳巴泰人继承了膜拜阿拉伯诸神的传统，他们也未曾放弃借鉴邻国文化从而创造属于自己的神明。在纳巴泰万神殿中，主宰神明杜夏娜（Dushara），和女神乌扎（al-Uzza）以及阿勒特（Allat）一同统御着其他处于次要地位的神明。渐渐地，包括希腊、罗马、腓尼基、埃及和叙利亚在内的外域诸国神祇也加入了万神殿诸神之列，而其中最引人注目的莫过于阿芙洛狄忒（Aphrodite，爱与美之女神）、欧西里斯（Osiris，地狱判官）、伊希斯（Isis，丰饶女神）、宙斯（Zeus，天神）、狄奥尼索斯（Dionysus，酒神）、阿塔哥提斯（Atargatis）和泰尔（Tyre）。万神殿侧壁的中央基线浮雕每一面皆描画了一位亚马逊族人——罗马的提喀（Tyche）和埃及的伊希斯。这两位外域神祇和纳巴泰人的女神乌扎完美地结合在了一起，和处理阿拉伯神明不同，纳巴泰人在刻画这些神祇时栩栩如生，没有遇到太多障碍。

然而，纳巴泰人聪明才智最核心的部分还是反映在建筑工程中。作为生活在全世界最为恶劣的环境中的沙漠游牧民族，纳巴泰人对于水源的重要意义有着十分深刻的认知。在佩特拉生活期间，纳巴泰人将自己的技能运用到了极致。佩特拉冬季常常受到突如其来的洪水侵袭的威胁，山洪会顺着瓦迪穆萨（Waid Musa，紧紧环绕着佩特拉城的峡谷）向下游奔腾，径直肆虐至西克峡谷以及主城区的峡谷地带；这种时令性的灾难会导致严重的财产损失和人员伤亡。公元前1世纪，通过修建外城至西克峡谷的一座大坝，纳巴泰工匠成功地将山洪引至穆斯里穆峡谷（Wadi Muthlim）的侧峡谷。这些古代工程师究竟有多聪明呢？当前人们所能见到的那些完成于20世纪90年代的大坝结构就是由这些原始大坝改造而成的。

纳巴泰工匠还将穆萨河（Ain Musa）和布拉格河（Ain Braq）附近的泉水引为日常用水，利用这些泉眼编织起了一张巨大的水道网，该水道网从郊外一直延伸到城区中心，可以满足佩特拉人民的日常和农业用水需求。流经西克峡谷侧壁的输水管便是这一宏伟的水利工程杰作最有力的证明。

尽管上述这些残存的建筑工事无不诉说着佩特拉曾经的灿烂煊赫，如今前来佩特拉古城的游客却很难感受到这座城市曾经的辉煌。穿行在佩特拉巨大的墓壁间，你会觉得自己更像是在探索某处巨大的史前时期的坟场，而不是曾长时间有人居住过的首府城市。然而，佩特拉却毫无疑问是一处繁华的商贸中心。问题在于：那些不以巨石墓穴为地基、建筑规格适度的住宅区早就已经面目全非，踪迹难寻。对那些垂青景致壮阔的崖边墓穴的游客来说，很容易忽略那些仅存的、为数不多的、修建在城市中心遗址后的赞特尔斜坡（Zantur slope）的住宅区。

若想感知佩特拉古城旧时的模样，最好选择市中心区域。公元1世纪早期，纳巴泰帝国处于其发展的鼎盛期，一座18米宽、带柱廊、配备有多种公共和私人建筑的街道在佩特拉中心地带的干谷河宣告竣工。它可以说是整个城市的中心商区了。在大多数考古学家看来，杜沙拉神庙（Qasr al-Bint）发挥着城市主庙的作用，而后来建设的翼狮庙和宏伟、阶梯构造的大庙（the Great Temple，尽管名字起得较为现代化）则更多发挥着行政中心的作用，而非敬拜之所。

第一步
平整悬崖壁

建筑工人从悬崖 39 米高的地方开始作业，沿着悬崖挖掘隧道以搭建一处可以站立其上的平台。接着，他们手持镐一点点向下开凿，以建造一层可以继续站立的光滑而平整的岩面。

第二步
雕刻悬崖壁

为了搭建装饰性的岩壁，需要凿出一层更宽阔的壁架。这一步绝对不可以出错。工匠必须确保上层区域的重量不能超出下层可以承受的范围，否则整个结构很容易便会垮塌。

第三步
修建内室

在建造位于立柱之后的入口门廊及内室时，要采用相同的从上到下的手法。需要在悬崖内凿出一条通道，而后再将其拓宽进门廊内，按相同的方式多修造几条通道，内室即宣告落成。

第四步
清除废料

工匠会将内室中 6000 立方米的岩石废料清除干净。在雕刻正面和镂空内室的过程中会产生碎石堆，这些碎石堆随后会被清理到一边，以备他用。

1. 杜沙拉神庙

这座"法老女儿的宫殿"被认为是佩特拉古城最重要的庙宇。相传，纳巴泰人崇拜神明杜夏娜和乌扎的传统就是起源于此。

2. 代尔修道院

作为佩特拉最大的纪念碑，这座修道院坐落于艾德·代尔山的高原地带。相传这座衣冠冢是为了缅怀国王奥保达一世（king Obodas I）而修建的。

3. 方尖碑墓

方尖碑墓是以正面的四座方尖碑命名的，位于后期建立的巴布埃尔边上的躺卧餐桌（Bab el Siq Triclinium，宴会厅）上方。

佩特拉奇观

4. 剧院

这座剧院依循罗马的设计准则而建，同时又融入了纳巴泰的建筑元素，整座结构是将陡峭的岩面镂空挖凿而成的。

5. 阿尔卡兹尼神殿

考古学家认为，阿尔卡兹尼神殿是为了纪念国王亚哩达三世（Aretas III）——一说是亚哩达四世（Aretas IV）而建的祭庙，这里既是这位为人尊敬的国王的墓地，也是人们前来敬拜他的寺庙。

6. 瓮墓

佩特拉柱廊街上方耸立着五座蜿蜒至库巴他山（Jebel al-Khubta）的[合称皇家陵墓（the Royal Tombs）]墓穴，这座瓮墓便是其中最早修建的一座。

一条小径从柱廊街尽头开始，沿着一系列螺旋阶梯蜿蜒盘旋至艾德·代尔山的高地，高地上耸立着伟岸的、直插悬崖的艾德·代尔修道院的正殿。作为佩特拉最大的纪念碑，和阿尔卡兹尼神殿和大庙一样，艾德·代尔的名字也很容易让人产生误解。大多数专家都认为，艾德·代尔原本是一座祭庙（为了纪念佩特拉一位君主而修建）。之所以如此命名，是因为十字架内室的墙壁里发现了很多源自于佩特拉拜占庭时期的十字架，而整座建筑物也是为了敬拜基督教而建立的。

佩特拉坐落在纳巴泰王国的中心，是整条香料之路的核心腹地，其间会驶过许多从沙漠往来的骆驼商队。然而，若要实现对贸易的全面控制，整条路线沿岸就难免分散着许多纳巴泰人的小型聚落和商队驿站。阿拉伯半岛（现在的沙特阿拉伯）上的黑格拉（Hegra）遗址[现在被称为萨利赫（Saleh）的马达（Mada）]一共有131个在岩壁上开凿的纳巴泰墓地。这成为了汉志（Hejaz）地区贸易线路上很重要的一处休息驿站。在以色列的内盖夫沙漠（Negev Desert），纳巴泰小镇哈鲁扎（Haluza）、曼席特（Mamshit）、阿瓦达特（Avdat）和什夫塔（Shivta）遗址将佩特拉古城和地中海的加沙（Gaza）港口联系到了一起。埃及西奈半岛（Sinai Peninsula）出土了很多纳巴泰的石雕和遗迹，在叙利亚南部的柏思拉（Bosra）小镇同样出土了很多纳巴泰文明遗迹，这座小镇公元1世纪末成了纳巴泰的第二首府。

这种控制权与集权组织和外交手段一并使得纳巴泰人能够避开那些会对他们施加过长时间影响的帝国工匠。这种自治权于106年流产，彼时，图拉真（Trajan）的罗马军队战胜了佩特拉，而纳巴泰王国被整个吞并进了阿拉伯世界的罗马统治之内。尽管丧失了独立权，贸易却并没有因此终结。佩特拉直到公元3世纪依然是重要的商贸中心，后期演化成了一处繁华的主教辖区，居住着大量的基督教徒。然而，在连绵不断的地震的冲击下，这座盛极一时的城市最终轰然倒塌。363年和419年分别发生了两场破坏性极强的地震，

坐落于佩特拉中心城址的柱廊街，身后便是杜沙拉神庙

接下来，公元551年又发生了一场地震，最终将这座城市夷为了平地，满目所见唯有瓦砾。随着这所城市的衰落，曾经统辖着这片土地的纳巴泰人也销声匿迹了。

初次踏上这片土地，约翰·路德维格·伯克哈特（Johann Ludwig Burkhardt）邂逅了在废墟中生存的巴杜尔部落（Bdoul tribe）人民。20世纪80年代，政府下令让巴杜尔部落人民搬进特意为他们建造的邻近村落的现代化房屋内，而在此之前，他们始终居住在洞穴中，周围环绕着各种纪念碑和墓室。有些巴杜尔人称自己是纳巴泰后裔，但是事实究竟如何尚无定论。和佩特拉为人称道、经岁月洗礼始终屹立不倒的建筑物和墓墙不同，建造这些宏伟工事的人的下落却成了中东地区永恒的秘密之一。

他们的视野非常开阔，对于新鲜体验和外部环境的影响丝毫不畏惧。

佩特拉主要的游览路线从万神庙延伸到柱廊街，其间散落着各种墓壁

汉尼拔·巴卡：
罗马之敌

让罗马共和国为之屈膝的复仇、武略和战象。

公元前 202 年 10 月，两支军队在扎马相遇，准备开战，其中一支军队是罗马军队，另一支则是迦太基军队——这是迦太基军队的生死之战。这支军队的指挥官汉尼拔·巴卡（Hannibal Barca）刚从意大利被召回，准备率领本国军队抵御罗马人的攻击。年轻的罗马军队指挥官普布利乌斯·科尔内利乌斯·西庇阿（Publius Cornelius Scipio）率军出征，来到这一片无人之地，准备迎战迦太基军队。两国本可以握手言和，为什么又要冒险一战呢？西庇阿直截了当地拒绝了。他说道，迦太基已经冷嘲热讽似的援引此前的一项停战协议将汉尼拔从非洲召回了，汉尼拔返回后，他们就立刻恢复战争并任命汉尼拔为指挥官。西庇阿因此指责汉尼拔利用迦太基的背信弃义来谋求私利。

罗马和迦太基的两大强者如今只能通过军事力量的对抗来一决雌雄了。两国的将军们纷纷回国，准备迎接即将到来的战争。汉尼拔将代表自己的人民迎战最后一场硬仗。尽管此前他已经在意大利称霸 16 年，在那里取得了无数辉煌战绩，但是他还是无法打败罗马。

公元前 247 年前，也就是汉尼拔出生之前，第一次迦太基战争期间，迦太基军队的扎马之行就已经开始了。这场争霸战持续了 20 多年，最终，在罗马人的顽强不懈和海上力量面前，迦太基军队铩羽而归。埃迪迦群岛（Aegates Islands）与罗马军队对战的失利迫使迦太基签下了丧权辱国的和平条约——这个帝国失去了西西里的控制权，而在此之前，迦太基在这片土地上的殖民历史已有几百年。除此之外，迦太基还被迫向罗马赔偿了一笔巨款。

更糟糕的还在后面，在这之后罗马人越发骄横。238 年，他们夺取了撒丁岛（Sardinia），虽然迦太基正在设计再度攻击罗马，但是却被此前与雇佣兵的血战牵制，只能眼睁睁地将撒丁岛拱手送人。虽然撒丁岛的沦陷是一件无法挽回的颓局，但是在很多迦太基人的心中还是种下了复仇的种子。

扎马之战是史上最著名的战役之一。该图源于16世纪,而并不是扎马之战发生之时

哈米尔卡·巴卡（Hamilca Barca）就是这些人中复仇欲望最强烈的一个。哈米尔卡·巴卡是第一次迦太基战争后期的主要将领。哈米尔卡的出现，让罗马在西西里的作战陷入僵局。他在据点厄律克斯山（Mount Eryx）大胆尝试了游击战，突袭附近的罗马军队。迦太基政府向罗马求和的行径对他打击颇大，但是他不甘心接受这一失败的事实。

哈米尔卡决定发动与罗马的第二次战争，也就在这最后一战中重振了迦太基的雄风。但是首先他需要重建迦太基军队，因为此前与罗马和之后与雇佣兵的交战已经让这支军队溃不成军。他计划去西班牙，在那里扩大迦太基的控制权并招募西班牙部落的英勇将士参战。一直以来，迦太基的军队全部都是由来自地中海周围的雇佣兵组成，只有军官是迦太基本土人，其他都是外邦人。在迦太基丰厚的犒赏下，这些雇佣兵从非洲、西班牙、高卢以及巴利阿里群岛（Balearic Isles）纷至沓来。其中最优秀的战士则是来自北非努米比亚的精锐轻骑兵。在招募到努米比亚人之前，罗马人一直在战争中处于劣势。

本来迦太基一直都是个富庶之地。罗马人称他们为古迦太基人（Punics），因为迦太基人的祖先最初来自腓尼基。因此，迦太基人也遗传了经商的天分。但是，在与罗马的战争后，迦太基国库空虚，而且还背上了巨额赔款。为了寻找急需的银子和领地，公元前237年，哈米尔卡率领一支远征军来到伊比利亚半岛。他对这次的胜利成竹在胸，因为出发前他们特地举行了一次神圣的仪式，甚至向诸神献上了一个人牲。哈米尔卡也将自己9岁的儿子汉尼拔（Hannibal）领到了圣坛，让他向天表明自己与罗马人的不共戴天之仇。据说这个小男孩还背诵了自己的誓词："我发誓，等我长大了，一定要用烈火和钢铁终结罗马。"这也是年轻的汉尼拔将遵守的誓言。

家庭价值

"巴卡"并不是哈米尔卡及其儿子的姓，而可能是一个源自迦太基语"baraq"（意为闪电）的昵称。哈米尔卡之所以得到这个称呼，可能与他在军事作战中的速度有关。

一代军师王朝

哈米尔卡·巴卡

汉尼拔的父亲哈米尔卡是第一次迦太基战争中迦太基最优秀的将领。他能谋善战，策划了好几次对罗马军队的攻击，但是最后一战的失利让他痛苦不已。公元前 238 年，在镇压了雇佣兵的一次大规模叛乱后，他开始加强迦太基在西班牙的控制权，最终却不幸战死，对罗马人的复仇也成了他的一项未竟的事业。

汉尼拔·巴卡

汉尼拔接管了迦太基在西班牙的控制权，带领一支训练有素的由雇佣兵组成的军队离开西班牙，穿过高卢进入意大利。尽管他在与罗马军队的交战中取得了辉煌的战绩，但是他还是缺乏彻底摧毁罗马的能力。汉尼拔曾试图挽回迦太基在扎马的败局，但是最终还是输给了西庇阿。

哈斯杜鲁巴·巴卡

哈斯杜鲁巴·巴卡是汉尼拔的弟弟，他也是迦太基在西班牙的主要将领。公元前 208 年，他在拜库拉战役中败给了西庇阿，但还是成功率军抵达意大利，增援了汉尼拔。公元前 207 年，哈斯杜鲁巴在梅塔尔乌斯战役中牺牲。

马戈·巴卡

马戈·巴卡是哈米尔卡最小的儿子，他领导了迦太基驻西班牙的一支军队，但是在公元前 206 年的伊利帕战役中被西庇阿打败。之后他立即撤离了西班牙，并在意大利北部建立了对抗罗马的第二条阵线。公元前 203 年，他被召回迦太基，迎战西庇阿，但是在回国的途中去世了。

卢修斯·埃米利乌斯·保卢斯是奉命对抗汉尼拔的两大领事之一，图中为坎尼之战中在战场上奄奄一息的他

9岁的汉尼拔与父亲一同出征

光是到达意大利就已经耗费了汉尼拔超过一半的兵力。

迦太基人不得不带领战象跨越欧洲叛国的领地，包括无边无际的罗纳河

于是，这对父子一起扬帆驶向伊比利亚。他们的军队在镇压西班牙人时毫不留情。他也提高了西班牙矿井的产出率，成船地将银子运回迦太基。有了这笔钱，哈米尔卡轻而易举就找到了需要的雇佣兵，不断扩大自己的军队。但是哈米尔卡却没能率领这支军队向罗马复仇。公元前228年，他遭到西班牙盟友的背叛并在出逃的过程中死亡。领导迦太基在西班牙的大军的责任最终落到了汉尼拔的肩上，落到了这个从小跟随父亲的长大的人身上。他扩大了迦太基在这个半岛的领地，但是却在罗马的友城萨贡托（Saguntum）遭遇挫折。尽管很快就拿下了萨贡托，但是汉尼拔的进攻也促使罗马在公元前218年向迦太基宣战。

汉尼拔马不停蹄地继续进攻意大利。他相信，如果能够夺走这座罗马刚刚才依靠武力夺取而来的友城，就可以打败罗马。由于罗马在第一次迦太基战争中赢得了制海权，汉尼拔只能绕道经陆路，穿过高卢进攻意大利。他率领50000步兵、9000骑兵和一股战象组成的军队离开了西班牙。穿越高卢南部的行军之旅艰难万分，在路上他遭到怀有敌意的高卢部落的攻击，为此也损失了部分力量。他跨过了浩荡的罗纳河（Rhone river），然后又翻过了阿尔卑斯山——意大利的传统边界。

翻越阿尔卑斯山时，汉尼拔的军队损失惨重。他们到达山另一边的低地时，只剩12000非洲战士，8000西班牙战士，6000骑兵以及少数战象。光是到达意大利就已经耗费了汉尼拔超过一半的兵力，剩下的军队在和罗马军队那力量对比悬殊的战斗中还能取得什么成绩呢？接下来发生的事情证明了汉尼拔·巴卡"史上最伟大的一大军事家"这一头衔并不是浪得虚名。

公元前218年，在特雷比亚（Trebia）战役中，面对急不可耐的罗马军队，汉尼拔作势要逃，而罗马人紧追不舍。但是他们不知道的是，聪明的汉尼拔已经在某个沼泽地的芦苇中埋伏了1000骑兵和1000步兵，由他最小的弟弟马戈·巴卡（Mago Barca）指挥。罗马军队路过此地时正中了他们的下怀，因而被一举歼灭，直接伤亡40000人，只有10000人侥幸逃生。糟糕的还在后面，公元前217年，汉尼拔在特拉西梅尼湖（Lake Trasimene）与罗马军队正面遭遇。罗马史学家利维（Livy）描写道，这场战役"血腥至极"。迦太基军队有着更优秀的指挥官，罗马军队的勇猛并不足以挽回败局。罗马将领盖乌斯·弗拉米纽斯（Gaius Flaminius）战死，一同牺牲的还有15000名罗马战士。不过迦太基也损失了2500人。为了得到当地人的支持，汉尼拔开始释放除罗马和意大利以外的俘虏。震惊而沮丧的罗马人这才发现，汉尼拔并不简单。他们任命昆塔斯·法比乌斯·马克西姆斯（Quintus Fabius Maximus）作为全权代表，这一职位有着巨大的权力，但是只能在紧急关头使用。

汉尼拔南下的过程中，意大利的浩劫仍在继续。法比乌斯始终尾随其后，但是一直拒绝与几乎所向披靡的汉尼拔正面交锋。相反，法比乌斯要么只是消灭落单的迦太基士兵，要么就是为了恢复军心而进行一些小规模战争。这一政策取得的成效虽然并不明显，但是也是实实在在的。不过这一政策同时也让更具侵略心的罗马人不满，因为他们想要再度与汉尼拔一争高下。他们把法比乌斯称作"拖延者"，认为他不愿意与敌人交战。所以，尽管法比乌斯找回了一些财富，还是在6个月后就卸任了。

在接下来的一年里，一支规模空前的罗马大军（约80000人）在意大利南部的坎尼（Cannae）遭遇汉尼拔并进行了阵地战。罗马军队先发制人，直捣迦太基军队中心。看上去迦太基军队似乎要输掉这场战争。但是这全都是汉尼拔的妙计。随着罗马大军不断向前推进，汉尼拔的军队从两翼逐渐包抄。被围困的罗马人不断收紧阵型，最后甚至被挤得连挥剑的空间都没有了，只能被杀个片甲不留。利维写道："有些人躺在那儿奄奄一息，大腿和跟腱被斩断，脖颈被割开，他们的征服者想要他们血尽而亡。"单是那一天就有50000名罗马人死亡。

坎尼的那个下午，马哈伯（Maharbal）——汉尼拔手下一个才华横溢的骑兵指挥官催促他进攻罗马，并许诺说，如果汉尼拔继续进攻罗马的话，四天之后他们就可以在那里享用晚餐了。但是汉尼拔并没有立即向罗马进军。当时的迦太基军队已经疲惫不堪，他也损失了上万兵力。虽然他已经打败了三支罗马军队，给他们造成了巨大的损失，但是罗马人总是能够找到新的兵力进行补给。而汉尼拔则不同，他为了赢得这些战争已经流干了手下士兵的最后一滴血，如果这个时候包围罗马，恐怕兵力不足。

汉尼拔拒绝了下属的建议后，沮丧的马哈伯说道："汉尼拔，你知道如何赢下战争，但是你却不懂如何乘胜追击。"这是汉尼拔最富争议的决定之一。如果他在攻下坎尼后乘胜追击，出现在罗马城门外的话，很有可能罗马将沦为迦太基的领地。但是事与愿违，罗马人找回了继续战斗的信心，而且总的来说，罗马的盟友还是支持罗马的。

汉尼拔在坎尼之后又在意大利取得了一些有限的战绩。公元前216年，卡普亚（Capua）投诚于他；公元前212年，塔伦特姆（Tarentum）也加入汉尼拔麾下。但是这些都只是零星的胜利，迦太基派来的增援也非常有限。虽然这时的罗马人不能将汉尼拔赶出意大利南部，但是汉尼拔同样也无法打败罗马，战争由此陷入僵局。

战争开始后，狡猾的罗马人先派出一支军队前往西班牙，向那里的迦太基人施压。汉尼拔则急于解决意大

罗马人不能将汉尼拔赶出意大利南部。

汉尼拔在战场上度过了大半生

利的罗马人，并未彻底平定占据的领地，于是罗马人在那里找到了有意驱逐迦太基人的盟友。虽然罗马人在西班牙惨败，但是这也锻炼出了一位后来在军事才能上可以与汉尼拔相提并论的罗马将领：普布利乌斯·科尔内利乌斯·西庇阿。西庇阿的父亲和叔叔都战死了，而他则在25岁的时候就已经接管了罗马大军。他绝不是个毛头小子，而是一个在坎尼的惨剧中经历了万重考验的幸存者。

公元前209年，西庇阿在一次突袭中夺取了迦太基的大本营——新迦太基城（Carthago Nova），紧接着他又在拜库拉（Baecula）战役中打败了汉尼拔的弟弟哈斯杜鲁巴·巴卡（Hasdrubal Barca）。公元前206年，他又在伊利帕（Ilipa）战役中战胜了哈斯杜鲁巴·戈萨库恩（Hasdrubal Gisgo）和汉尼拔的弟弟马戈。在这些战役中，西庇阿锻炼了兵力，提升了战术，这些都将最终帮助罗马人在与迦太基的雇佣兵的作战中占据上风。

在这幅漫画中，年幼的汉尼拔向罗马宣布了不共戴天之仇

趁着汉尼拔在意大利，无法更多地钳制已经从战败中恢复大半元气的罗马，西庇阿逐渐成长为罗马有史以来最伟大的将领之一。马戈在公元前205年彻底放弃西班牙，该国的控制权落入西庇阿手中。西班牙的沦陷也促使努米比亚王子玛西尼撒（Massinissa）转而投诚罗马。之后，拥有精锐骑兵部队的玛西尼撒也将为西庇阿所用，而这将大大改善罗马长久以来在与迦太基的作战中，在骑兵方面所处的劣势。

公元前208年，迦太基人下大手笔，派兵增援汉尼拔，但是这支军队并不是直接来自迦太基。汉尼拔的弟弟哈斯杜鲁巴·巴卡逃脱了西庇阿的钳制，率兵离开西班牙。他沿着哥哥的足迹，穿过高卢南部，于公元前207年到达意大利。而罗马军队则横亘在哈斯杜鲁巴和哥哥的军队之间。在兄弟俩的军队会师之前，罗马人袭击了哈斯杜鲁巴，在梅塔尔乌斯（Metaurus）河击败了他的军队，杀掉了大约10000名西班牙和非洲的雇佣兵。直到罗马人将哈斯杜鲁巴的头颅扔进汉尼拔的军营时，他才知道自己的弟弟已经牺牲。汉尼拔狰狞地说道："现在，终于，我看到了迦太基平原的命运。"

在将迦太基人赶出西班牙之后，西庇阿受命指挥西西里一支规模更大的军队。公元前204年，他率领这支军队与迦太基进行了最后的收官之战。登陆后，西庇阿围困了乌提卡（Utica）城，打败了前来应战的大股迦太基部队。西庇阿每一次的领兵作战都取得了胜利，迦太基人开始求和。公元前204年，当两国还在为停战商量和平条款时，汉尼拔和当时身处意大利北部的弟弟马戈被召回国。

据说汉尼拔在接到召回命令时非常愤怒，并痛苦地抱怨说自己在意大利与罗马军队抗争的16年里，他的政府没有给他增派过一兵一卒。但是，归根结底，汉尼拔只能怪自己。是他在数年前不加思考地进攻萨贡托，导致迦太基在备战不充分的情况下匆忙应战罗马。之后他又轻率地进攻意大利，但是使用的兵力过小，不管他能够赢得多少场战争，他始终都无法最终拿下意大利。

坎尼之战过了很多年后，汉尼拔受到西西里和意大利等地战争的限制，只能守不能攻。迦太基于公元前215年占领的锡拉库扎（Syracuse）城三年之后得以光复，到了公元前205年，西班牙也完全落入罗马人之手。

为什么迦太基对汉尼拔如此小气？

坎尼之战后，迦太基政府并不愿意给汉尼拔派出增援部队。汉尼拔背后的迦太基内部出现了分歧，很多人无意在意大利与罗马血战到底，而是更愿意将新近招募到的雇佣兵派往其他地方，尤其是西班牙和西西里。西班牙当时正遭受罗马军团的攻击，而迦太基还希望在西西里重树第一次迦太基战争失利前的雄风。如果汉尼拔在坎尼之战大胜后乘胜追击，那他就会得到增援部队——公元前215年，迦太基将会给他派出一小股军队。

虽然罗马拥有制海权，但却不足以完全封死迦太基增援汉尼拔的路，迦太基援军还是可以经海路支援汉尼拔。事实上，公元前215年和公元前207年，迦太基曾经成功派遣援兵前往西班牙。公元前213年，迦太基援军也成功渡海，抵达西西里，并在公元前212年再一次成功登陆。公元前205年，汉尼拔的弟弟马戈率领军队从西班牙出发，经陆路到达意大利北部，而且他的军队本身就在公元前204年得到了迦太基政府的增援。很明显，迦太基人是可以通过海路支援汉尼拔的。

汉尼拔在迦太基的政敌注意到，尽管汉尼拔在意大利取得了多次大捷，但是他并没有削弱罗马在拉丁地区的盟军力量，而这恰恰是罗马兵力的基础。因此他们辩称，汉尼拔在公元前218年进入意大利后，并没有向打败罗马这个目标迈进任何一步。对迦太基的大部分领导人来说，汉尼拔的作用就是在坎尼之战后，让罗马军队在意大利分身乏术，从而为西班牙、西西里、科西嘉岛和撒丁岛这些更重要的战争奠定基础。

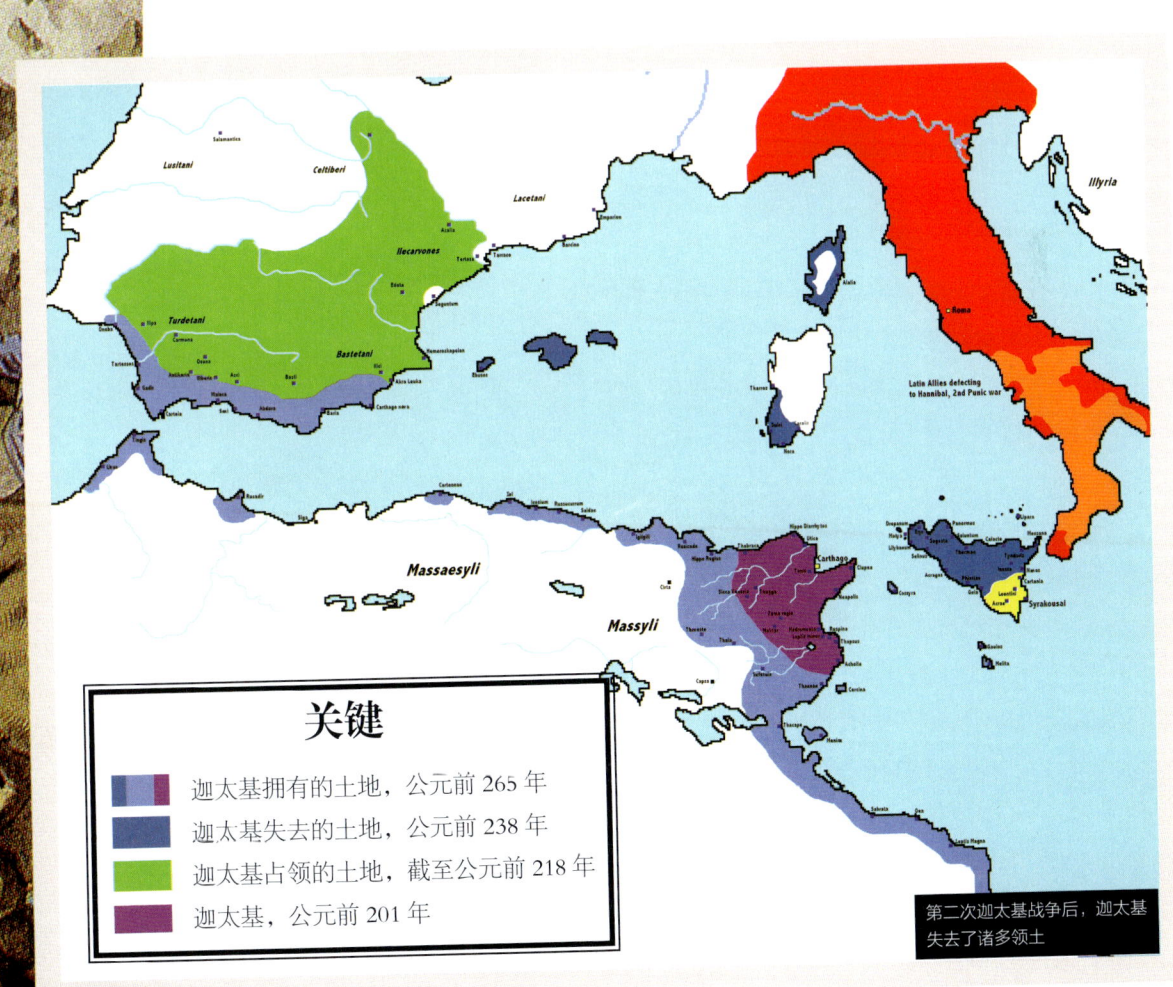

关键
- 迦太基拥有的土地，公元前265年
- 迦太基失去的土地，公元前238年
- 迦太基占领的土地，截至公元前218年
- 迦太基，公元前201年

第二次迦太基战争后，迦太基失去了诸多领土

罗马最黑暗的日子

坎尼之战是罗马军队有史以来损失最为惨重的一次战役。至少在这一段时期内,曾经几乎所向无敌的罗马人在特雷比亚河与特拉西梅尼湖这两场战役中接连遭到狡猾的汉尼拔·巴卡及其军队的重创。战败的惨重程度让罗马人惊讶不已,因此也转而采用独裁者昆塔斯·法比乌斯·马克西姆斯更为谨慎的军事策略。但是这样一来,迦太基的这位将领一路凯旋,高歌挺进意大利。这时的罗马人再也坐不住了,他们开始坚持要求在阵地战中对抗汉尼拔。

公元前 216 年,罗马选出了两名领事,这两名领事将向汉尼拔兴师问罪。他们是卢修斯·埃米利乌斯·保卢斯及其同僚盖乌斯·特林提乌斯·法罗(Gaius Terentius Varro)。他们率领的军队兵力达到 80000 人。这支大军浩浩荡荡地向意大利东南部的阿普利亚(Apulia)的汉尼拔进军,并在公元前 216 年 7 月下旬在坎尼遭遇汉尼拔。这期间,罗马军队的指挥官一直在这两个领事间来回变换:今天的指挥官是保卢斯,明天就变成了法罗,后天又变回保卢斯,循环往复——使得局势变得对罗马人越发不利。公元前 216 年 8 月 2 日的这场战斗中,法罗成为了罗马军队的唯一指挥官。

该时期罗马军队的战术非常简单,基本就是直截了当地冲向敌人,靠蛮力取胜。其实当时的罗马军团训练有素,是高效的杀手,配有重装步兵;反观坎尼之战时期的迦太基军队,他们主要由地中海地区的各个军队混编而成。如果没有汉尼拔出众的军事才能,这支军队很有可能会是一盘散沙,毫无战斗力。这支成分复杂的军队在他的手中发挥了很好的效用。汉尼拔知道阵线中心的高卢和西班牙步兵有可能会在罗马步兵的攻击下后撤,于是将他们部署在部队左右翼的前端,让罗马人搬起石头砸自己的脚。果其不然,在罗马人的逼迫下,高卢和西班牙战士节节后退,但是不久之后罗马人发现他们已经陷入重围。在 8 月 2 日的这场围困战中,罗马损失了近 50000 兵力。

罗马军团训练有素,是高效的杀手。

汉尼拔的雇佣兵军队围攻并歼灭了罗马军队

据说汉尼拔用一个特殊的环状物承装自尽用的毒药

公元前211年,罗马重新占领卡普亚;公元前209年,塔伦特姆随之易主。慢慢地,汉尼拔的军队走向衰落,而罗马人则召集了规模空前的军队,将汉尼拔围困在意大利南部。眼看罗马的胜算越来越大,汉尼拔在意大利的盟友也开始倒戈。汉尼拔被迫逃往意大利南端的布鲁提恩(Bruttium),这也是他最后一次避难,之后他就被召回了国内。

汉尼拔回到非洲后(马戈在回国途中因伤死亡),迦太基政府又重拾了信心,和罗马的和平谈判也就此搁浅。战火重燃,汉尼拔又开始领导迦太基剩余的军队。彼时该军队还剩40000兵力,兵力组成主要是汉尼拔成功从意大利撤回的精锐人员以及一部分战象。公元前202年,汉尼拔的军队和西庇阿在如今突尼斯地区的扎马相遇。需要注意的是,此时的汉尼拔在骑兵力量上弱于西庇阿,因为西庇阿麾下还有4000名玛西尼撒从努米比亚带来的精锐机动部队。

在接下来的这场鏖战中,罗马占据上风。数年的战争经历大大提升了他们的战术水平,如今的罗马人已经不会莽撞地直接冲向敌人。汉尼拔的战象隆隆地冲向罗马军队时,他们先是巧妙地绕开了攻击,之后便包围并斩杀了这些野兽。当罗马和努米比亚的骑兵联军掉头开始从后方攻击汉尼拔时,他的军队开始瓦解并最终崩溃。迦太基的军队分崩离析,为了保命,汉尼拔被迫逃离战场。

迦太基政府再一次求和。公元前201年,持续了17年的战争正式告终。之后汉尼拔费尽心力重整迦太基财务,以更好地偿付罗马人要求的巨额赔款。但是他从未放弃过与罗马的抗争。公元前191年,他以塞琉西王国(Seleucid Empire)安条克(Antiochus)大帝的名义再一次率领舰队攻击罗马。

罗马彻底战胜塞琉西后,汉尼拔逃往小亚细亚的比提尼亚(Bithynia)。罗马人开始了复仇之路,他们对该国施压,要求将汉尼拔引渡回罗马并最终得到了普卢西亚斯国王(King Prusias)的同意。公元前183年,在普卢西亚斯国王的授意下,他的战士前往汉尼拔的住所逮捕了他。汉尼拔非常清楚自己落入罗马人手中后的命运,于是服毒自尽。一代将领最终命殒己手。

扎马：从未存在的战争？

英山·莫西格针对扎马之战的诸多质疑作出解释

为什么我们不知道扎马？

没人能够找到这场战役的确切地点。据说扎马之战发生在突尼斯西南150公里的伽玛（Jama），靠近西里亚奈（Siliana），虽然也有很多其他说法，但都没有史实依据。第二次迦太基战争中发生的其他真实发生过的大型战役都已经找到了确切地点，唯独扎马之战没有。罗马人通常在取得大胜后会当场树碑以作纪念，但是没有任何一块石柱、雕像或遗址能指向扎马战役的发生地。

关于扎马之战的历史记录中是否存在曲解？

很奇怪，扎马之战的经典描述前后并不一致。这场战争实在是超乎想象，人们不得不怀疑它是否出自汉尼拔和西庇阿这类顶级军事人才之手。它听上去更像是一个缺乏伟才远见的作者杜撰出来的故事。80只战象也不可信，因为此前的乌提卡（Utica）和大平原（Great Plains）之战中对战象并没有相关描述。

著名的迦太基军事港口的历史起源被更正为公元前2世纪，而不是公元前3世纪，这又引起了更多质疑。赫斯特（HR Hurst）在《迦太基发掘》（Exeavations At Carthage）一书中写道，这个港口建于公元前201年至公元前146年间的某个时期，也就是战争结束之后。阿卜杜勒阿齐兹·贝勒侯吉亚（Abdelaziz Belkhodja）在《汉尼拔·巴卡：关于扎马的可考史实和谎言》（Hannnibal Barca: L'histoire Veritable Et Le Mensonge De Zama）（2014）中认为，这让人们开始认真思考迦太基在所谓的扎马之战失利后签订的和平条约的真实性。这份条约可以回溯到公元前201年，条约将迦太基的海军力量限制在10艘战舰内，但是这个港口可以容纳220艘战舰，也就是说，至少条约的内容是杜撰的。如果战争结束后迦太基真的签署了和平协定，对罗马作出让步，但是汉尼拔在会议中向西庇阿建议保留迦太基海军，那这场战就没必要打了。如此看来，战后修建军事港口也就情有可原了，而我们找不到有关这场假战发生地的纪念碑也就说得通了。因此，扎马之战有可能就是罗马人的杜撰，以减轻此前在意大利所向披靡的汉尼拔给他们带来的屈辱感，抚平他们在坎尼之战失利的伤疤——凭空杜撰一场可以与汉尼拔在坎尼之战中的大胜相提并论的胜利也就有了理由。

汉尼拔的雇佣兵

努米比亚人

努米比亚人为汉尼拔提供了精锐的轻骑力量。他们会骑马冲向敌人，虽然身无武装，但是努米比亚人会向敌人投掷标枪，之后后撤，然后发起下一轮进攻。

伊比利亚人（西班牙人）

伊比利亚半岛的西班牙人身着白色短袍，手持小的圆盾。他们的常规武器包括一种非常适合用来砍剁的弯刀以及标枪。

利比亚腓尼基人

来自北非的利比亚腓尼基人会说迦太基语，但是并不是迦太基公民。他们主要是重型步兵，配备长矛、盔甲以及一面巨大的盾。坎尼一战后，他们中的很多人利用缴获的罗马武器及盔甲获得了新的战斗补给。

高卢人

高卢的部落成员有很多人为汉尼拔战斗。他们的步兵配备巨大的盾牌和长剑。很多人穿着锁子甲，但是也有人会裸着上半身。

迦太基人

迦太基人很少是士兵，他们基本只当军官。不成功的将领往往会被钉死在十字架上。

凯尔特伊比利亚人（西班牙人）

凯尔特伊比利亚人是新来的凯尔特人和本地的西班牙人的混血类型。他们通常挥舞直剑，配有大的盾牌，而且经常戴头盔穿铠甲。

巴利阿里岛民

他们来自巴利阿里群岛，即马略卡岛（Majorca）和米诺卡岛（Minorca），是汉尼拔军队中没有武装的吊索者。他们配备了三种不同长度的吊索，用于不同的射程。

战争开始

哈斯杜鲁巴的骑兵部队赶走了罗马军队右翼的战马。同时,罗马军队左翼的意大利骑兵盟军被马哈伯麾下的努米比亚人牵制。两军的步兵阵线相互逼近后,开始向对方投掷标枪。之后战斗变成肉搏战,两军斗争相当激烈。罗马军队开始逼退高卢和西班牙的雇佣兵。

罗马前进

在罗马领事盖乌斯·特林提乌斯·法罗和卢修斯·埃米利乌斯·保卢斯的带领下,约 80000 名罗马士兵信心满满地向迦太基军队逼近,试图在迦太基军队中杀出一条血路。法罗率领意大利的骑兵盟友组成左翼,保卢斯率领的罗马骑兵组成右翼。

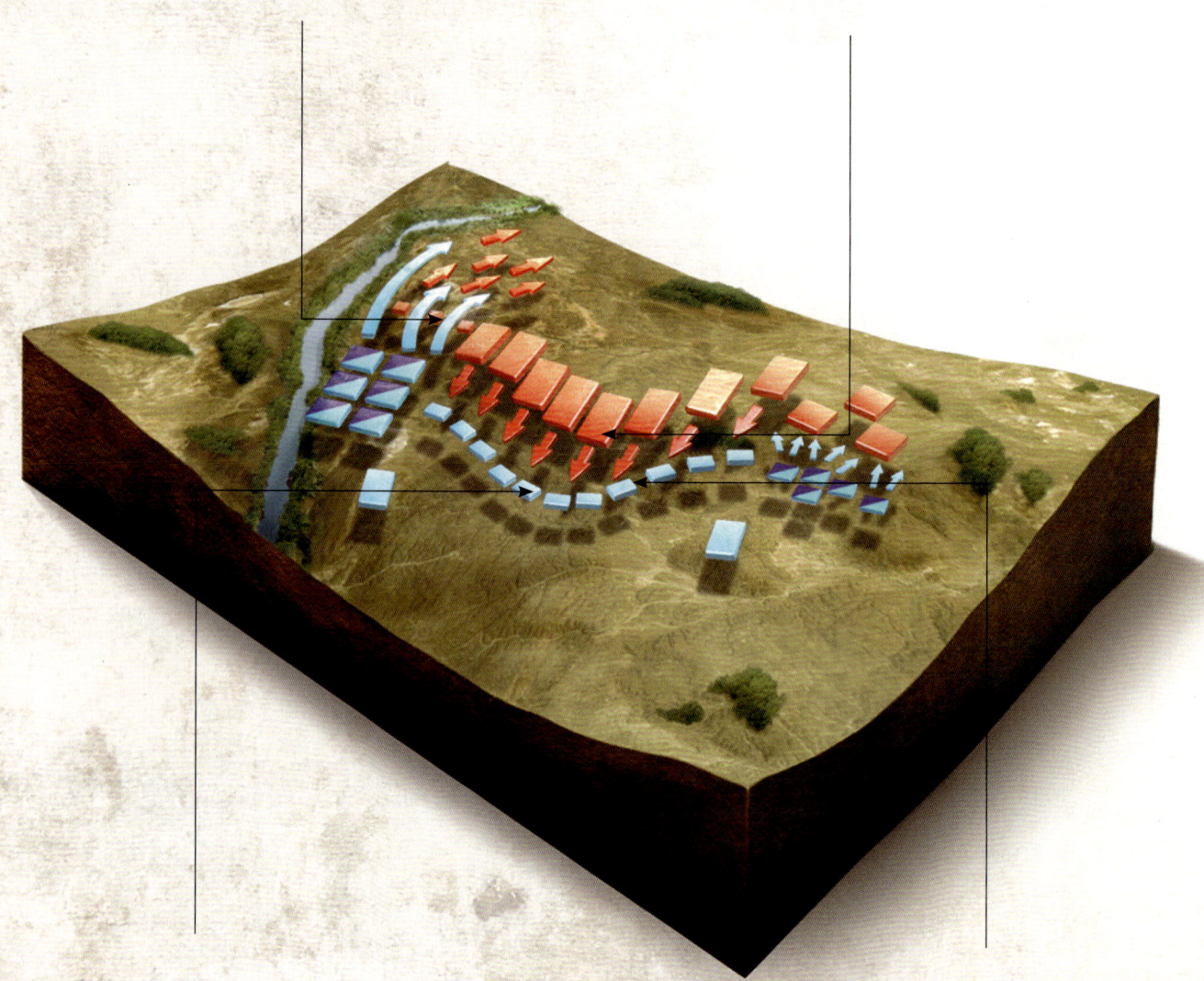

遭到包围

迦太基军队左翼由哈斯杜鲁巴率领的骑兵部队重新整合,掉头开始攻击后方由法罗率领的意大利骑兵盟友。这些骑兵急于逃命,但是努米比亚人在后穷追不舍。之后哈斯杜鲁巴突然出现在罗马步兵的后方。这时罗马军队发现自己已经深陷敌军包围。

汉尼拔及其将士

汉尼拔和弟弟马戈带领高卢和西班牙步兵居于军队中心;哈斯杜鲁巴带领高卢和西班牙的重装骑兵居于迦太基军队左翼;马哈伯带领努米比亚轻骑兵居于军队右翼。

迦太基军队阵线

虽然人数上不占优势，但是在汉尼拔的部署下，40000 步兵和 10000 骑兵组成了一个凸形阵线。迦太基军队中心与两翼形成一个正三角形，左翼后倚奥菲多河（Aufidus）。汉尼拔在军队两翼部署了强大的骑兵力量，两翼中间部署了高卢和西班牙步兵。非洲的步兵则用于后备。

关键

迦太基军队

罗马军队

罗马取得突破？

罗马军队逼退面前的敌人，胜利的天平似乎向他们的步兵倾斜，而罗马军队似乎最终也取得了突破。但是，汉尼拔的非洲步兵随后掉头冲内，开始攻击两翼已经疲惫不堪且阵型大乱的罗马军队。高卢和西班牙雇佣兵在重组之后也重新加入了战斗。

屠杀

随着迦太基军队不断收缩包围圈，在劫难逃的罗马人遭到了大规模屠杀。由于包围圈越来越小，有一些罗马士兵甚至都没有挥剑的空间。罗马领事保卢斯战死。将近 50000 名罗马人遭到屠杀，迦太基军队损失了 8000 兵力。

如何建立起一个维京部落殖民地

公元8至11世纪的欧洲，这些勇猛的北方民族有着出众的殖民技巧以及战斗天赋。

维京时代是中世纪欧洲最动荡不安的时期。这些来自北方的掠夺者对英国以及法国的部分国土虎视眈眈，侵略的战火最远已经燃烧到了地中海地区。尽管维京人的主要目的还是掠夺，但是他们也会在一些肥沃富饶的新土地上殖民。著名的都柏林、约克城以及雷克雅未克最初都是维京人的小型殖民地，后逐渐繁荣壮大，成为整片地区的贸易和商业中心。

武力
若想在这片崭新的土地上占据自己的一席之地，你需要强大的武力——差不多60艘维京长船（尖底船）就可支撑。

奴隶
奴隶制直到1066年才淡出大不列颠群岛，对于当时的维京人来说，拥有数量可观的奴隶好处很多。

维京长船
作为远征军的核心支柱，拥有一艘能够穿梭于内陆诸流域之间的尖底长船意义极为重大。

农耕
比起欧洲其他地方，在斯堪的纳维亚半岛开展农耕十分不易。为了养活自己和家人，必须种植易于耕作的作物。

贿赂
为了避免暴力冲突，当地的首领常常会用可观的战团来贿赂维京人：当维京人日后建造新居时，这笔钱就能派上用场了。

你需要：

军队
长船
合适的地方
贸易商品
家庭

1. 集结军队

在外邦建立殖民地需要很多的人力。集结起来的舰队规模越大，你就可以利用越多的人力来夺取并守卫新殖民地。手头的船舰可以保证水路交通的顺畅，为你带来贸易商品和原材料，这些东西可以用于建筑。

2. 寻找目标

不同的地区有优有劣，所以最好沿岸搜寻，考察土地位置，以此来判断是否要对它们进行掠夺。有些殖民地可以用来当作大本营，为进一步掠夺内陆做准备，所以要尽量寻找已经有多年殖民经历的地方，罗马的古城就是很好的选择。

3. 奠定基础

在对某块土地进行殖民前，首先需要在沿岸建立更为可靠的据点。建造船营就是很好的开始。把船拖上岸，用作营地的外围防线，之后就可以建立一个大本营，这个大本营既可以为进一步的掠夺做足准备，也可以为建立更为可靠的殖民地奠定基础。

4. 趁火打劫

正常来说，当地民族肯定会对你们的进攻怀有敌意，所以最好先骚扰他们，对他们进行掠夺。教会可以给你们带来财富和资源，而耕地则可以用来种植粮食，保证后续发展。

5. 发展壮大

贸易就是一个殖民地的生命线，所以需要确保自己所在的地方能够发展成为区域中心。虽然获得皮毛、羊毛以及其他商品并非难事，但是还可以用一种更为极端的方式来获取更大的回报，那就是奴役。这种关系网已经辐射至整个欧洲，最远甚至到达罗马帝国东部。

6. 不断求生

创业还需守业。在这个动荡暴力的年代，你可以建立家庭，保证血脉的传承。你必须随时准备为新家而战，因为本地的其他部落或帮派随时都会来抢劫你们。

殖民地建立的反面教材

18世纪，帝国林立。为了控制新世界，世界各主要力量打得不可开交，都想成为处女地的占有者。苏格兰虽是一个远离欧洲主体的小国家，但也希望通过建立殖民地而登上世界舞台。他们曾选中巴拿马，意图打通大西洋和太平洋的陆上通道。但是由于计划不周，加上高层意见不统一，加勒多尼亚（Caledonia）（苏格兰的古称）的殖民从一开始就注定了失败。当然这次殖民的失败主要是经济因素影响，但是直接的原因还是西班牙的围困——公元1700年，西班牙围困该地，大举屠城，本次殖民正式宣告失败。据估计，"达里恩计划"（Darien Scheme）耗费了25%的国家收入，而这次计划的失败也成为1707年《联合法案》签订的主要诱因，苏格兰正是依靠这份法案成为了独立国家。

维京四大殖民地

都柏林（爱尔兰，公元841年）

公元841年，都柏林成为维京营地，之后逐渐发展成维京在爱尔兰地区的主要殖民地，该地拥有广阔的奴隶市场。

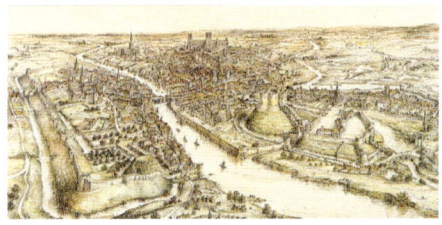

约克城（英格兰，公元9世纪）

约克城是维京最负盛名的殖民地之一，据说约克城的殖民历史可以回溯到中石器时代。

海则比（德国，公元8世纪）

海则比（Hedeby）是贸易枢纽，一度成为该区的贸易中心，直到1066年被弃置。

雷克雅未克（冰岛，公元870年）

雷克雅未克由维京人建立，最初是一个小型的农牧城市，之后成为冰岛的中心城市。

他们对发生的一切讳莫如深，秘教教徒间的关系因此变得更为密切。

罗马的秘教

揭露罗马地下精神世界的神秘仪式和诡异礼制

罗马宗教的大部分内容都是面向全体公众的。罗马人十分重视与神灵的密切联系，会定期献牲并维护各种神殿。但是有些人也会为了进一步拉近与神灵的距离而举办喧闹的聚会，这种聚会上会出现恐怖的自残行为，重现昔日的宗教仪式。这些绝密的社团被称作"秘教"，它们起源于东方，遍布整个罗马，受欢迎程度可想而知。

这些社团信奉的神灵虽然各有不同，但是这些神灵的作用却基本相同——让信徒们死后进入极乐世界。秘教的教徒个人可以直接参与到神灵崇拜中，而且宗教仪式往往包含狂欢式歌舞。这些活动都带有改革性质，和大众化宗教的古板仪式大不相同。

大母神（the Great Mother）玛格拉玛特（Magna Mater）是罗马人最开始崇拜的秘教神灵之一。公元前204年，彼时的罗马还笼罩在迦太基战争失利的阴影下，罗马人开始对一种预言感兴趣，他们认为这种预言是打败敌军的关键所在——找到母神的宗教画像并将她从珀加蒙（Pergamum）的艾达（Ida）请回罗马。她的象征是一块圣石。这块圣石被带回罗马后，罗马源远流长的母神崇拜也由此开始。其他来自东方的"舶来品"还包括波斯的密特拉神（Mithras）。

在这幅17世纪的油画中，人们正在为玛格拉玛特进贡带有寓意的应季产品

尽管波斯是罗马的宿敌，但是罗马人还是很崇拜密特拉神，罗马的士兵、官员和商人尤其如此。

公元前2世纪，埃及母神伊西斯（Isis）成为备受罗马人崇拜的另一大秘教神灵。除此之外，罗马人还从希腊请来了迪奥尼索斯（Dionysus）并将其称为巴克斯（Bucchus），即农业和酒神，所以这个秘教仪式会包括狂欢式的饮酒和舞蹈也是情理之中的事——在酒和舞蹈中，信徒们可以尽情释放自己并进入一种催眠状态。伊洛西斯教（Eleusinian Mysteries）是罗马另一个比较受欢迎的秘教。每年秋季，希腊都会在伊洛西斯举行宗教仪式，仪式的基本内容就是重现农业之神德墨忒耳（Demeter）解救被绑架的女儿珀耳塞福涅（Persephone）的过程。但是在宗教狂欢开始前，信仰这个秘教的人必须先入教。

入教

罗马每一种秘教的核心都是神秘之物，即讳莫如深的仪式或神学论点。为了了解这种"神秘"之物，人们必须先经历入教这一过程。这完全是一种自愿行为，任何人都不能强迫他人加入秘教或参与其中的宗教仪式。入教仪式的目的就是要利用这种振聋发聩、难以忘怀的经历，让自愿入教的人直接与神灵沟通。这种狂欢经历不需要用语言解释，而是要靠心去感受。之后，他们对发生的一切讳莫如深，秘教教徒间的关系因此变得更为密切。

巴克斯教的教徒在入教前需要先加入巴克斯崇拜团，在山间与团里的成员共舞。这些成员大多为女性，她们被称为狂欢者（Bacchant）。其中一些人可能还会私下入教，在这种情况下入教者需要强制断食10天。之后就是享用一段时期的盛宴，再之后他们会进行沐浴，作为一种净化的仪式。只有在沐浴之后，他们才能进入巴克斯的神殿。

神秘女神伊西斯的信徒也有着和巴克斯的信徒类似的入教仪式。她的入教者在入教前需要沐浴净身，断食10天，再享受一段时日的盛宴。他们在入教仪式上同样需要穿着礼袍，目视神圣的象形文字。得到往生是人们信仰这些神灵的一大目的。

对于那些想要参加伊洛西斯仪式（罗马帝国时期，这种仪式依然风靡全希腊）的人而言，他们的入教仪式就是参加每年春天在伊洛西斯附近的雅典举行的小教仪式（Lesser Mysteries）。这种秘教的入教仪式内容包括献牲、净身、斋戒和吟唱圣歌。

密特拉教共分7个等级，每一个等级都对应当时的一颗行星，不同的等级也有着不同的入教仪式。其中一个等级的入教仪式中，一丝不挂的入教者需要被蒙上眼睛，双手反绑在身后，跪在地上；另外两个人分立两侧，作为仪式的一部分。入教者被一把剑指着，还要俯卧在地上；之后他要戴上王冠平躺在地上。另一个等级的入教仪式需要入教者射出一支箭，因为密特拉活着的时候，天神曾经将一支箭射入石块中，之后水就从裂缝中流了出来——入教者的射箭行为就是在重现这个场景。

巴克斯（迪奥尼索斯）教在罗马激起了丑闻，尽管如此，马克·安东尼（Mark Antony）之类的人物还是成为了它的资助人

密特拉斯的经典场景就是赤手杀死一头牛，即"屠牛"（tauroctony）

仪式

大母神教，即玛格拉玛特教在古代世界各个地方都非常受欢迎。她的名字有很多，包括莉娅（Rhea）、德墨忒耳等，其中比较有名的名字就是西布莉（Cybele），即弗里吉亚国（Phrygia）伟大的女神——罗马人将她的宗教画像带回了罗马。大母神不仅是众神之母，也是众人之母。在罗马，大母神教的仪式维持着与这位女神及其发源地——小亚细亚之间的联系。她的圣殿在梵蒂冈山（Vatican Hill）上，被称作弗里吉亚纳姆（Phrygianum），其宗教首领就是弗里吉亚大祭司。罗马每年都会为她举办一次纪念节，每次纪念节的时长为7天，这期间会有大型赛马会。大母神教的仪式包括歌舞，使用的乐器有长笛、钹、角和手鼓。

埃及女神伊西斯和大母神非常相似——她们都被认为是生命和生育之神。伊西斯教的礼制保证教徒们死后可以进入极乐世界。这些仪式的主题就是重现伊西斯丈夫奥西里斯（Osiris）死后重生的过程。奥西里斯的重生同时还象征着大自然春天的复苏。"回魂吧，你不能死！""奥西里斯，活过来！站起来！躺在这里的不幸之人！我是伊西斯！"——这些咒语可以达到起死回生的目的。如果伊西斯能够使得丈夫起死回生，那她死去的信徒也可以逃出生天。

和玛格拉玛特与伊西斯一样，德墨忒耳也是一位母神。伊洛西斯举行的宗教仪式就再现了希腊神话中德墨忒耳寻找女儿珀耳塞福涅，即少女柯莱（Kore）的桥段。

希腊神话中，柯莱被冥王掠走，关在冥界。痛不欲生的德墨忒耳四处奔走，寻找女儿。庄稼因此枯萎，瘟疫和死亡席卷世界。随着事态发展，宙斯不得不亲自介入，最终柯莱重获自由。但是由于她在冥界吃下了四颗石榴种子，因此每年她都要被迫回一次冥界，在冥王身边待4个月。柯莱在冥界的那4个月是她的母亲最痛苦的时期，这段时期也就成了万物凋敝的冬季。大地回春后，万物复苏，因为德墨忒耳又得以和女儿重聚。

罗马神话大量借鉴了希腊神话，希腊神话中的很多神灵、英雄和故事摇身一变披上了罗马外衣

护身符和小饰品

罗马人到处都可以碰到他们的神灵——不管是在家里还是在路上。

罗马人的家由一种守护灵保佑，这些守护灵被称作拉尔斯（Lars）。起初这些守护灵都是祖先一代代传下来的家庭守护灵，专门守护其后人的家庭。他们在这个家庭的宗教生活中占据中心地位。罗马人会在灶炉边供奉一个神龛，里面供着守护灵的小雕像。每天早上，罗马人都会向这些守护灵祈祷。节日期间，他们还会给拉尔斯供奉食物。人们认为，除了守护家内，拉尔斯还会守护这户人家与另一户人家交界处的十字路口。另外，人们也认为拉尔斯会守护旅人。

还有一种叫做佩纳特斯（Penates）的守护灵，他们主要守护家里的食物储藏室，顺便也会守护整个家庭。据说这些守护灵是英雄埃涅阿斯（Aeneas）从特洛伊带回来的。罗马人也会在灶炉边用长燃火来供奉他们。进餐时，家庭成员会将一点食物献给佩纳特斯。除了家庭守护灵拉尔斯和佩纳特斯外，罗马的国邦也有大众神灵守护。

·47·

一旦小教教徒完成入教仪式后，就可以开始参与大教仪式（Greater Mysteries）。大教仪式共持续7天，内容包括献牲、净身和斋戒。如今的史学家已经无法了解这些仪式的确切内容，毕竟它们都带着神秘的面纱，但是它们似乎都包括音乐、舞蹈以及珀耳塞福涅被绑架和重获自由的桥段。最具戏剧性的部分就是某样东西在光线最强时呈现在人们眼前的样子。

密特拉最初是真理之神，也是袄教主神阿胡拉·马兹达（Ahura Mazda）的副手。被引入罗马后，密特拉教教义经历了很大的改动，如今的密特拉已经被描述成了救世主。密特拉教的仪式中也有密特拉原始神话的影子——据说密特拉是从石头中蹦出来的。阿胡拉·马兹达创造了一头野牛，但是在搏斗中被密特拉关进了一个山洞中。虽然这头牛逃了出来，但是密特拉还是找到它并将一把匕首刺入了它的喉咙，最终将牛杀死。于是生命之力从流出的牛血中淌了出来。密特拉教教徒会在地下小教堂，也就是他们口中的山洞举行崇拜会。在那里他们会集体聚餐，喝红酒吃面包。密特拉教的宗旨就是净化不死的灵魂，好让灵魂在肉体消亡之时重新回到光明世界。

镇压

秘教在罗马影响甚广，信徒众多，这是个不争的事实，但并不是所有的罗马人都认同秘教。有些皇帝甚至都加入了宗教社团，其中就包括加入了伊西斯教的皇帝图密善（Domitian）（公元81—96年在位）和加入了伊洛西斯教的皇帝加利努斯（Gallienus）（公元260—268年在位）。

罗马的一位传统主义者，公元前1世纪的利维（Livy）战战兢兢地描述了巴克斯教的仪式："妇女们穿得像一个个狂欢者，头发凌乱，手持火炬奔向台伯河（Tiber），然后把火炬扔进河里，再把还在燃烧的火炬从水里捞起来——火炬和水的颜色看上去就像是硫黄和钙混合在一起。据说神灵曾经绑架了男人，将他们绑在机器上，一路驶向山洞，消失在人们的视野中。利维似乎尤其担心秘教会为男女信徒的通奸大开方便之门。从某种程度上说，不管是有意还是无意，某些人对秘教的坚持都让未入教的罗马人变得焦虑。

公元312年，在基督教一位神灵的保佑下，康士坦丁（Constantine）在米尔维安桥一役中取胜。这之后的第二年，《米兰法令》（Edict of Milan）就将基督教写入帝国法律，基督教因此取得了合法化。4世纪，基督教徒的数量和影响力不断壮大。随着基督教逐渐成为罗马帝国最具影响力的宗教，包括秘教仪式在内的异教的合法性逐渐瓦解，但是秘教的一些做法并没有立刻消失。即便是到了公元4世纪后期，罗马的声名显赫之人还会骄傲地承认自己曾经加入某种秘教。但是到了公元391年，罗马皇帝狄奥多西一世（Theodosius I）下令禁止罗马人信奉异教神灵，也不允许他们去这些神灵的神殿。第二年，所有异教的仪式和做法都失去了合法性。

秘教信仰走入末路还有别的诱因。约公元395年，哥特人攻击并摧毁了德墨忒耳和柯莱在伊洛西斯的圣殿。之后这些圣殿再也没有得到修缮。秘教的历史最多在公元前6世纪就画上了句号。多年以来，异教的影响力都被弱化了，但是它们的信徒数量还是很多——罗马一些残余的异教教徒甚至将公元410年罗马对战西哥特人

（Visigoths）的失利归咎到他们对古老神灵的忽视上，所以圣奥古斯汀（Saint Augustine）不得不写下《上帝之城》（City of God）来反驳这些言论。不过随着古代世界形势的变化和中世纪的开始，秘教的消亡已经是大势所趋。

从某种程度上说，不管是有意还是无意，某些人对秘教的坚持都让未入教的罗马人变得焦虑。

一位艺术家对密特拉斯神殿内景的回忆。注意仪式中使用的神龛和服装

神秘屋的饰带是现存的罗马时期艺术品中最出众的作品

因为涉嫌滥交和谋杀,巴克斯教曾一度被剥夺了合法性

神秘屋

在火山灰中沉睡千年后,庞贝的神秘屋为我们揭开了古时秘教崇拜的冰山一角。

巴克斯(迪奥尼索斯)教在罗马和意大利有着诸多信徒,但却鲜见有关信徒膜拜异教神灵的记载。幸运的是,我们发现了神秘屋,这栋神秘屋在时间的洗礼中屹立不倒,但是讽刺的是,它却没有经受住维苏威火山爆发的考验。公元79年,意大利南部的庞贝城被火山灰完全掩埋,遗落在历史中。到18世纪,沉睡千年的古城终于被发掘。

神秘屋中有一个房间,四面墙上绘有饰带,壁画用亮丽的色彩细致入微地描写了巴克斯教的膜拜仪式。可以说,这些壁画是现存罗马绘画中最出众的。墙上的饰带总长约20米,绘有很多人形的神灵、男人、女人和巴克斯教膜拜的一些神物。

由于大部分史料已经佚失,我们已经很难解读这些场景。当我们走进这个房间时,首先印入眼帘的就是巴克斯和妻子阿里阿德涅(Ariadne)的残画。在其中一个场景中,丰满的西勒诺斯(Silenus)弹奏着里尔琴(Lyre),在另外一个场景中,年轻的潘(Pan)则吹着长笛。有一个场景中,一个女人将头倚在另一个女人

的膝上,另一个长着翅膀的女人则在用棒抽打她。一个持铵的女人则在二人身边起舞。房间饰带描述的很有可能是一个巴克斯教年轻女教徒的入教仪式。

探寻罗马异教

罗马秘教信仰是罗马人传统信仰的补充，但是前者并没有取代后者。

朱庇特（Jupiter）
朱庇特是天空之神，是最伟大的神灵。他是朱诺（Juno）的丈夫，也是很多神灵和英雄的父亲。

维纳斯（Venus）
维纳斯是爱神，她有着让人难以抗拒的魅力，和神灵以及凡人都有暧昧关系。

阿波罗（Apollo）
阿波罗是朱庇特和勒托（Leto）之子，是音乐和太阳之神，同时也是狄安娜（Diana）的弟弟。

狄安娜（Diana）
狄安娜是狩猎女神，是朱庇特和勒托之女，也是阿波罗的孪生姐姐。

密涅瓦（Minerva）
智慧战神密涅瓦是朱庇特之女，也是凡人英雄坚定的守护人。

伏尔甘（Vulcan）
伏尔甘是朱庇特之子，是锻冶之神，锻造了很多神物，妻子是维纳斯。

维斯塔（Vesta）
维斯塔是灶炉之神，守护罗马人家中的火。她是朱庇特的姐姐。

马尔斯（Mars）
马尔斯是尚武的罗马人无比尊崇的战神，在罗马人眼中，他的地位仅次于朱庇特。

尼普顿（Neptune）
挥舞着三叉戟的尼普顿是海神，也是朱庇特的弟弟。

墨丘利（Mercury）
墨丘利脚力惊人，是朱庇特的信使，他负责将死人的灵魂送至冥界。

克瑞斯（Ceres）
克瑞斯是土地和农业之神，能够带来丰收，是朱庇特的妹妹。

探秘大庙

1497年特诺奇蒂特兰（Tenochititlan）古城的阿兹特克大金字塔。

大庙（Hueyi Teocalli）在西班牙语中被称为Templo Mayor，是个巨大的金字塔式神殿，耸立于阿兹特克文明的首都特诺奇蒂特兰，也就是如今的墨西哥城。1326年该神殿在多克斯可可湖（Lake Toxcoco）这一个沼泽岛落成，最初只是简单用来供奉阿兹特克威猛的战神和雨神，即战神维齐洛波奇特利（Huitzilopochtli）和雨神特拉洛克（Tlaloc）。1521年阿兹特克帝国覆亡之前，这座神殿至少经历了6次重建。

阿兹特克历任统治者即位后都会为这座神殿新添一道外围，以表达对神灵的尊敬。同时，他们也把江山永固的希望寄托在了这些巨大的石建筑上。每次添加一层外围时，阿兹特克人都会将祭品埋入石头之间。目前为止，考古学家在这些外层结构之间共发掘出了6000件物品。大庙的第6次，也就是最后一次重建始于1487年，重建后的大庙达到了惊人的60米，成为直冲阿兹特克天际线的巨大石建筑，也成为了阿兹特克帝国的精神和物质核心。

大庙刷有灰泥，颜色亮丽，上绘浮雕，神殿饰有阿兹特克众神像，同时也细致入微地雕刻了动物像，并配有诸多其他雕像。通往神殿的巨大台阶被刻意设计成陡峭的形状，以保证从石制祭台上抛出的尸体可以滚至最低的台阶。献祭是一件非常频繁的事情——维齐洛波奇特利神殿那亮白的台阶已经被鲜血染成了红色。这个巨大的神殿里也有其他神灵的圣殿，神殿附近还有近78个圣所。

特诺奇蒂特兰落入西班牙侵略者赫尔南·科尔提（Hernan Cortes）之手后，大庙的一些石块被用作墨西哥城中基督教堂的建筑材料。不过，幸亏阿兹特克人不断增加大庙的外围，部分原始遗迹才得以保留至今。

特拉洛克神殿

大庙顶部有两座神殿，北边的这一座就是雨神和丰收神特拉洛克神殿。阿兹特克人非常敬畏这位神灵，因为他们相信，特拉洛克发怒时会有天雷和洪水，高兴时则会雨泽作物。为了表达对他的尊敬，阿兹特克人经常会向他进贡孩童。

献祭头骨

装饰大庙庙墙外部的是经过雕刻的石质头骨，这些石质头骨的原型就是大庙里挂在架子上的人牲头骨，即阿兹特克人所说的"骷髅头"（tzompantli）。考古学家在大庙中发掘出一个挂着650个头骨的架子，其中很多头骨来自女性和孩童，而不是研究者们当初预料的成年男性战士，这让人开始重新思考中美洲的文化。

查克莫（Chac Mool）

特拉洛克神殿外就是查克莫的神殿。查克莫为半躺的男性形象，持有一碗，头旋90度。这些雕塑的历史早于阿兹特克文明，在玛雅文化中就已经出现。他手中的碗是用来盛放祭品的。阿兹特克人并不会专门供奉查克莫，但是他经常和特拉洛克联系在一起。他的雕像经常会被涂上专属的颜色，或者有着一张类似神灵的脸。

查尔克阿特尔（Quetzalcoatl）神殿

大庙主体的西侧，威严的石阶对面有一个稍小的圆形神殿，那就是羽蛇神查尔克阿特尔的神殿。这座建筑装饰有大量的蛇像。阿兹特克人相信，查尔克阿特尔和对面神殿里的维齐洛波奇特利一起创造了第五太阳世界，用自己的鲜血创造出了人类。

蛇雕

宏伟蜿蜒的石蛇（阿兹特克神话中的一大主要动物形象）守卫着大庙维齐洛波奇特利神殿的入口，而且该殿的台阶也装饰有蛇像，以象征科"蛇山"特阿佩克（Coatepec），即维齐洛波奇特利（Huitzilopochtli）和科约莎克（Coyolxauhgui）传说的发生地。

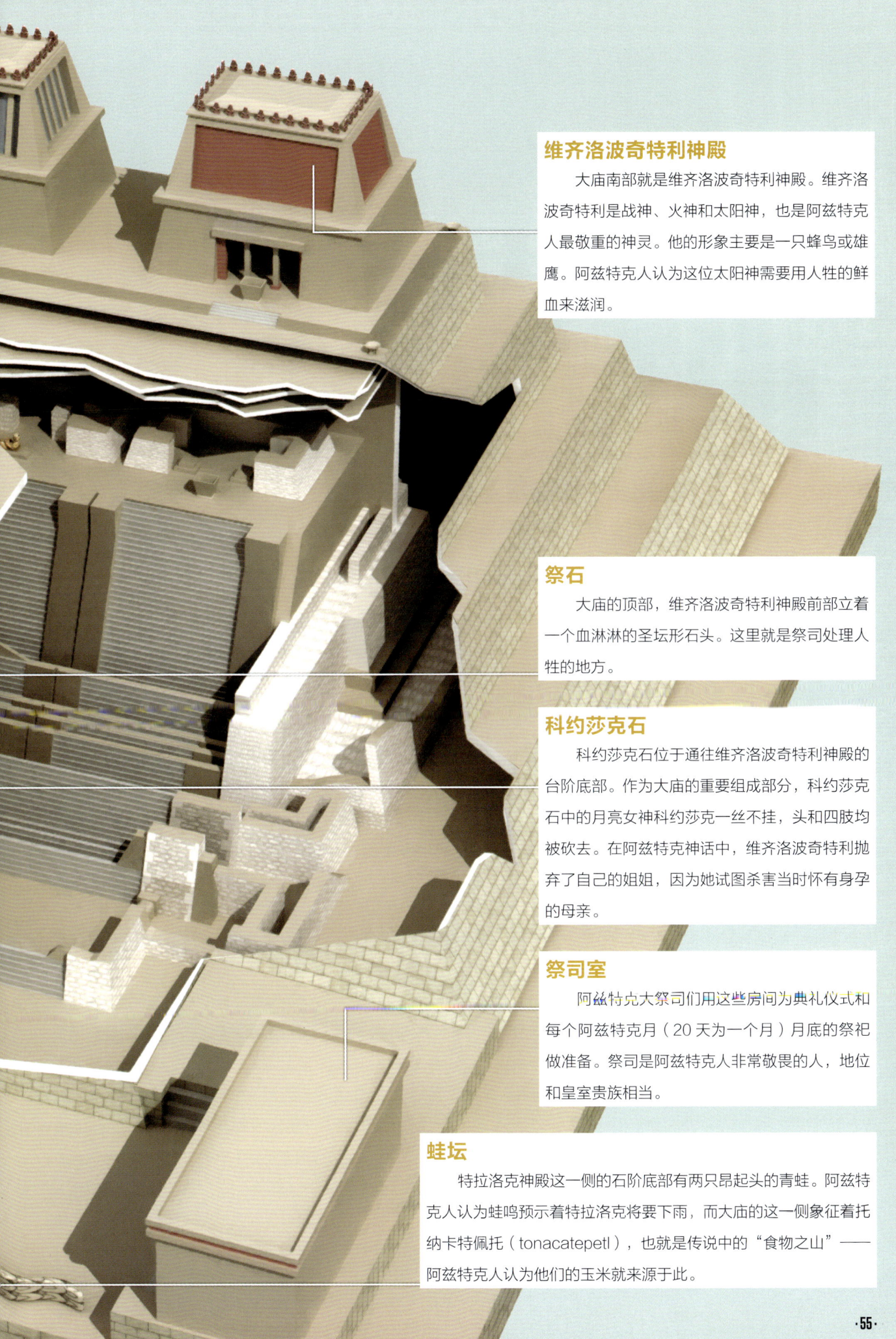

维齐洛波奇特利神殿

大庙南部就是维齐洛波奇特利神殿。维齐洛波奇特利是战神、火神和太阳神,也是阿兹特克人最敬重的神灵。他的形象主要是一只蜂鸟或雄鹰。阿兹特克人认为这位太阳神需要用人牲的鲜血来滋润。

祭石

大庙的顶部,维齐洛波奇特利神殿前部立着一个血淋淋的圣坛形石头。这里就是祭司处理人牲的地方。

科约莎克石

科约莎克石位于通往维齐洛波奇特利神殿的台阶底部。作为大庙的重要组成部分,科约莎克石中的月亮女神科约莎克一丝不挂,头和四肢均被砍去。在阿兹特克神话中,维齐洛波奇特利抛弃了自己的姐姐,因为她试图杀害当时怀有身孕的母亲。

祭司室

阿兹特克大祭司们用这些房间为典礼仪式和每个阿兹特克月(20天为一个月)月底的祭祀做准备。祭司是阿兹特克人非常敬畏的人,地位和皇室贵族相当。

蛙坛

特拉洛克神殿这一侧的石阶底部有两只昂起头的青蛙。阿兹特克人认为蛙鸣预示着特拉洛克将要下雨,而大庙的这一侧象征着托纳卡特佩托(tonacatepetl),也就是传说中的"食物之山"——阿兹特克人认为他们的玉米就来源于此。

古代奥林匹克运动会

揭秘全世界最重要的体育盛事的起源。

大卫·斯图塔德
（David Stuttard）

大卫是一名作家、演说家，《权力的游戏：古希腊奥林匹克运动会的仪式和对抗》（Power Games: Rituel And Rivalary At Aucient Greek Olympics）（描写公元前416年奥林匹克运动会的书）的编剧和作家。

盛会

从公元前776年到公元前425年，大约每隔4年，都会有大批参赛者和观众涌到希腊南部一处神殿，来共同见证古代社会这一声势最为浩大的盛会。这一盛会是为了纪念主神宙斯而举办的，其统治范围向北一直延伸到白雪皑皑的奥林匹斯之巅。而宏伟的奥林匹克神殿之所以得名也正是因为宙斯。

起初，这一盛会并不起眼。早些年间，参赛者大多来自距离神殿65公里以外的伊利斯（Elis）。每到8月满月之后第二天的清晨，与会者都会边唱赞歌边做祷告，宰牛以敬神（宙斯）；他们会在圣坛上炙烤牛的骨头和脂肪，将肉烹制好后用作晚宴。空气中飘溢的食物香气吸引了很多西边来的人，他们一路奔跑，甚至将身上的遮羞布都跑掉了——公元前720年以后，参赛者才会赤裸上阵，在所有观众的注目下，这些人会一直冲到圣坛的终点线上。这段赛程约有180米，在希腊语里被称作"施塔德"（stade），后来引申为"体育馆"。公元前776年，一位参赛者以短短30秒的时间赢得了比赛，并获得了嘉奖。他是当地的一位烘焙师，名字叫做科勒布斯（Coroebus）；他也是当年唯一的胜利者，因为整个赛事只有跑步这一项运动。

随后的两代人也只有这一个项目可以参加，但是从公元前724年开始，其他项目也开始分一杯羹，这一赛事的名声也开始远播。无独有偶，希腊人也是从这一时期开始重新崛起，彼时，许多城市会将载满了希腊公民的船只派遣到异国他乡去安营扎寨，向西延伸至马赛（Marseilles），向东至拜占庭帝国（Byzantium），从利比亚（Libya）的昔兰尼（Cyrene）到阿尔巴尼亚（Albania）的埃比达姆诺斯（Epidamnus）。随着势力范围的扩张，希腊人觉得自己越发有必要保留，或者说是创造某种文化符号。公元前5世纪的历史学家希罗多德（Herodotus）曾写道，将这些希腊人凝聚在一起的是"血脉和语言中沸腾的亲缘关系，对神明的敬畏，以及生活方式的相似性"。此外，希罗多德还很有可能加入了"爱好竞争"这一点，因为几乎每个希腊人都深受《伊利亚特》（Iliad）中的人物阿喀琉斯（Achilles）的鼓舞，在这部可以追溯至公元前8世纪的长诗中，英雄阿喀琉斯说道："永远力争做优秀的那个人，将其他人都踩在脚下。"

昆西·迪昆赛（Quatremere de Quincy）于1815年对菲迪亚斯（Pheidias）雕刻的奥林匹克宙斯塑像进行了修复，然而在重修后的雕像中他却错把宙斯摆在了拱形屋顶的下方

图中所示是整个运动会中最血腥残暴的项目，参赛者可以违反规则去撕咬对方甚至挖下他们的眼睛

奥林匹克不仅受到运动健儿的推崇，达官显贵也纷纷渴望参与其中。

在《伊利亚特》中，将"英雄气概"发挥到极致的是普特洛克勒斯（Patroclus），他的故事极大地丰富了希腊人的想象力，希腊人将自己视为特洛伊战争的英雄的后代——这一精神后来发展为奥林匹克精神。尽管在特尔斐（Delphi）、科林斯（Corinth）和尼米亚（Nemea）等地盛行着其他体育盛会，奥林匹克运动会却无疑是最引人瞩目的。到了公元前6世纪，整个希腊世界的体育健儿都来参加这一赛事；公元前5世纪初，本土希腊人成功地抗御了波斯人的入侵，而西西里岛的希腊人则成功粉碎了迦太基人（Carthagian）和伊特鲁里亚人（Etruscan）的侵略野心，为了表示感激，他们纷纷向奥林匹克诸神敬奉祭品。

随着知名度的提高，比赛时长延长到了5天。与此同时，通过祭祀和晚宴等手段，人们可以更多地展示自己的实力，使得奥林匹克不仅受到运动健儿的推崇，达官显贵甚至是君王也渴望参与其中，以在国际舞台上耀武扬威，举办高规格的会议，并且进行更高调的贸易往来。很多人十分热衷于战车比赛——整个运动会上最昂贵的赛事，其中就包括马其顿（Macedon）国王亚历山大一世（Alexander I），据传，他的子民很多并不是纯粹的希腊人。公元前504年，他证明了自己的祖先来自于伯罗奔尼撒（Peloponnesian）城市阿哥斯（Argos），从而显示了其统治资质的充分性。大约一个世纪后的公元前416年，雅典的公子哥兼政治家亚西比德也通过在战车比赛中晋级前七的队伍显示了自己的财富和权势。不出意外，他赢得了比赛，为了庆祝胜利，他邀请所有在场观众参加晚宴，当然了，整场晚宴并不全部由他掏腰包，来自爱琴海（Aegean）希俄斯岛（Chios）和莱斯博斯岛（Lesbos）的财力雄厚的他的拥护者予以了许多赞助。

与此同时，随着参赛人数的暴涨，很多圈外人士也被吸引了过来：不止生意人渴望借此大赚一笔，包括希罗多德在内的许多作家也显示了极大的热情[他在宙斯神庙的柱廊下诵读自己的《历史学》（Histories）一书]；错视画（trompe l'oeil）的发明者宙克西斯（Zeuxis）也在其列，相传，为了吸引别人的注意，他身着印有自己名字的斗篷在奥林匹克山四处游荡——名字以烫金字母写就；而为了获得凯旋而归的运动健儿的首肯，唱诗人品达（Pindar）更是殷勤备至。然而，当远见卓识的演说家伊苏克拉底（Isocrates）召开泛希腊式集会，以期待动员人们在大敌当前的情况下为希腊祈福时，台下的人们却充耳不闻。在公元前338年的奇罗尼亚战役（Battle of Chaeronea）中，马其顿的菲利普二世攻占了希腊本土诸城邦，为了庆祝胜利，他修建了菲利佩欧（Philippeion）圆形神庙，将自己和家人的雕像都置于其中——这座神庙紧紧挨着奥林匹克山上的赫拉（宙斯之妻）庙。

在罗马帝国统治下，奥林匹克运动会得以继续发展，尽管有个别皇帝会违反既定规则。公元67年，尼禄（Nero）不但重新制定了赛事日程，以保证自己能够参加，还张扬地驾着十匹马战车出现在赛场上。但是事与愿违。据传记作者苏维托尼乌斯（Suetonius）记载，"他从战车上摔了下来，然后被人抬回了车上，但是他无法再继续比赛，还没等比赛结束便放弃了。尽管如此，胜利者的奖杯却依然颁给了他。"

最终，在基督教的冲击下，奥林匹克运动会宣告终结。毕竟，它是为了纪念异教神才举办的。公元391年，基督教皇帝迪奥多西（Theodosius）宣布废除这一运动，在又经历了风雨飘摇的30年后，公元425年，古代奥林匹克运动会彻底退出了历史舞台。

神秘

关于奥林匹克运动会起源的种种传说都免不了提到神话。有些人认为，宙斯是在奥林匹克山打败了他的父亲克洛诺斯（Cronus），获得了对诸神和人类的统治权。而在另外一些人看来，是赫拉克勒斯（Heracles）开创了这一先河，以庆祝自己战胜当地的国王奥吉亚斯（Augeas）——后者拒绝支付前者所应得的报酬，甚至连打扫马厩的一点点银两都不愿意支付。

还有的人认为，奥林匹克运动会的创办者是来自福西亚（Phocaea）的爱奥尼亚王子珀罗普斯（Pelops）。探听到希腊国王欧尼摩斯（Oenomaeus）将要把自己的女儿希波达米亚（Hippodamia）许配给在战车比赛中打败自己的人，珀罗普斯便下定决心要赢得比赛。尽管拥有波塞冬（Poseidon）赐予的一队神奇的战马，他仍感到机会渺茫。于是他买通了负责战车的技术员米尔提洛斯（Myrtilus），让对方偷偷地将欧尼摩斯所乘战车的关键零件卸掉，代之以石蜡制品。随着轮子越转越快，在摩擦力的作用下，这些石蜡零件慢慢融掉，而后整个战车轰然倒塌，欧尼摩斯痛苦地死去。然而，珀罗普斯却并没有履行自己的承诺（让希波达米亚陪米尔提洛斯睡觉），而是将其残忍地推下了悬崖。然而米尔提洛斯的冤魂日夜纠缠珀罗普斯，若要求得摆脱，唯一方法便是举办葬礼竞技会——这便是首届运动会的起源。

上述三个神话故事在奥林匹克山流传甚广。主宰阿尔提斯（Altis）的是一座宏伟的宙斯庙，其香气缭绕的内室摆放着一尊头戴橄榄王冠、凝神端坐的神像——橄榄王冠是要为获胜的运动健儿佩戴上的。这尊雕像是雅典雕塑家菲迪亚斯（Pheidias）现场制作而成的，高12米，面部以足金和象牙铸成，是希腊唯一的一处古代七大奇迹之一。其超自然的美打动了无数人，甚至公元2世纪的斯多葛派哲学家埃皮克提图（Epictetus）都这样称赞它，"没有见过它的人，哪怕死了也会深感遗憾。"这尊雕像被贪婪的罗马人运到了君士坦丁堡（Constantinople），而后在公元462年的一场大火中灰飞烟灭，但是我们仍然可以感受到它巨大的影响力：拜占庭肖像画家以它为原型来勾勒上帝的脸庞。

在被狼咬死之前，克罗顿（Croton）的选手麦洛（Milo）连续赢得了5届奥运会摔跤比赛的胜利

与此同时，坐落在宙斯庙的北边、距其仅一箭之遥的珀罗普斯土冢是举办整个赛事最为庄严的仪式的地方，人们会用一只黑山羊祭奠死去的英雄，相传，赫拉克勒斯由于做出了卓越的贡献而被人们铭记。据传，正是他对宙斯·阿波慕欧斯（Apomuios）的奉献使得奥林匹克获得了自由。

围观群众没有理由不从心底生发出感激之情，因为比赛是在 8 月酷暑的情况下举办的，天气条件可以说是极其恶劣了。满月前后的 5 天里，数以万计无法支付"里奥尼戴昂（Leonidaion，公元前 360 年一位远见卓识的生意人兴建的）"费用的人都会选择自己搭建起帐篷，或者直接睡在神殿外面——既缺乏饮用水源，卫生条件也极其堪忧，即便如此，人们也必须争得头破血流才能求得在野外歇息的权利。对包括埃皮克提图在内的许多人而言，"那炙烤的阳光，刺耳的声音，吵闹的人群，拥挤、推搡、自顾自地做自己的事的人群"，都是无比珍贵和永垂一生的回忆，他同时也不得不承认，"当满场围观者的呼声响起来时，你便会觉得这一切也还是值得忍受的。"

公元前 2 世纪的奥林匹克神殿

菲利佩欧（Philippeion）
这所华丽的圆形建筑是为了纪念菲利普二世（Philip II）凯旋而归而建，然而，里面摆放的雕像却不是诸神而是马其顿皇室成员的。

赫拉庙
这座公元前 7 世纪修建的神庙供奉着赫拉的雕像，在她的旁边依次是宙斯以及上面雕刻着奥林匹克休战字样的"掷铁饼的人"的雕像。

珀罗普斯土冢
这座土冢周围种满了白杨树，每当 8 月满月时节，祭司都会宰杀一只黑山羊，让血液充分渗透进大地中以滋养珀罗普斯的魂魄。

菲迪亚斯工作坊
在自己的工作坊里，菲迪亚斯仿照宙斯神庙（包括窗子在内）内室的结构仿制了金色、象牙色相间的雕像。

宙斯庙
这座神庙外部摆放着展示神话故事情节的雕像，内部则"端坐着"12 米高、面色呈现金色和象牙白的宙斯像。它是古代七大奇迹之一。

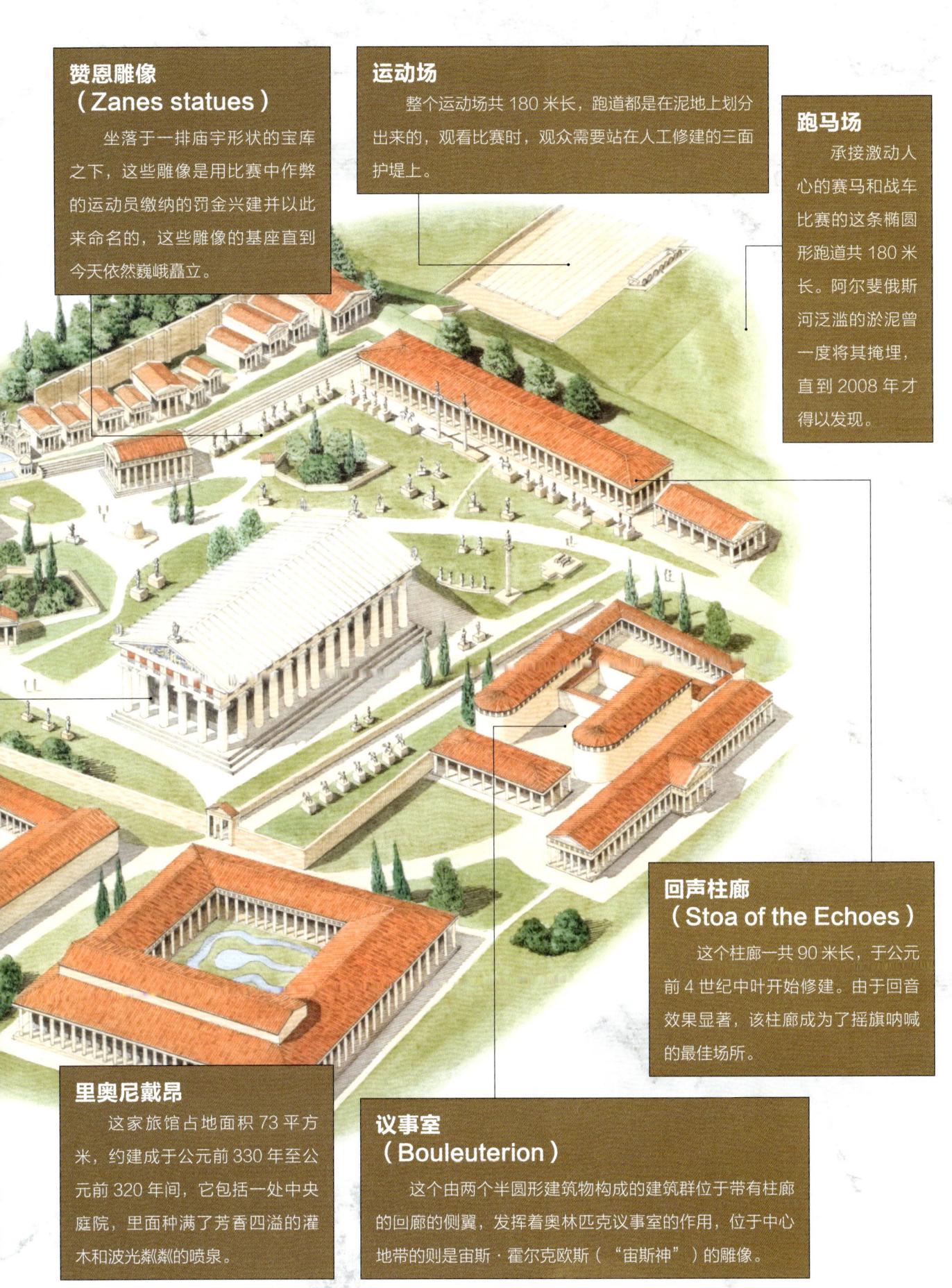

赞恩雕像
（Zanes statues）

坐落于一排庙宇形状的宝库之下，这些雕像是用比赛中作弊的运动员缴纳的罚金兴建并以此来命名的，这些雕像的基座直到今天依然巍峨矗立。

运动场

整个运动场共 180 米长，跑道都是在泥地上划分出来的，观看比赛时，观众需要站在人工修建的三面护堤上。

跑马场

承接激动人心的赛马和战车比赛的这条椭圆形跑道共 180 米长。阿尔斐俄斯河泛滥的淤泥曾一度将其掩埋，直到 2008 年才得以发现。

回声柱廊
（Stoa of the Echoes）

这个柱廊一共 90 米长，于公元前 4 世纪中叶开始修建。由于回音效果显著，该柱廊成为了摇旗呐喊的最佳场所。

里奥尼戴昂

这家旅馆占地面积 73 平方米，约建成于公元前 330 年至公元前 320 年间，它包括一处中央庭院，里面种满了芳香四溢的灌木和波光粼粼的喷泉。

议事室
（Bouleuterion）

这个由两个半圆形建筑物构成的建筑群位于带有柱廊的回廊的侧翼，发挥着奥林匹克议事室的作用，位于中心地带的则是宙斯·霍尔克欧斯（"宙斯神"）的雕像。

运动员

由于这场极具男性特征和宗教风采的运动会是为了纪念死去的英雄以及伟大的宙斯神而创立的,女人不被允许参加,只有一个人除外,那便是得墨忒耳女祭司(Priestess of Demeter)——不过与此同时,为了纪念女神赫拉,每4年的同一时间段还会举办女子运动大会。性别并不是唯一的限制。犯有谋杀罪的人就不得参加,除非他们能首先通过一段为期长久的净化考核,同时,所有的参赛者都必须讲希腊语。从理论上而言,无论身份地位如何,任何自由人都有权利参加比赛。但是实际上,飞扬跋扈的亚西比德拒绝参加除了战车比赛之外的所有赛事,因为作为富家公子哥,参加战车之外的比赛意味着和一群身份地位不如自己的人同场竞技。

还有另外一部分赛事对年龄有要求。有一些比赛只允许男性参加,例如拳击、摔跤、施塔德竞走比赛以及仅于公元前628年举办过一次的五项全能运动。每场比赛的参赛者年龄都必须超过20岁。比赛开始前一个月,所有人都必须到主办城市伊利斯集合。在那里,他们必须首先接受训练,然后才能在裁判(Hellanodikai,希腊人的裁判)的密切注视下顶着炎炎烈日比赛,只有这些裁判才有权决定哪些人应该参加哪些比赛。

彼时,参赛者的年龄仍然是重要的考量因素,而由于缺乏足够的书面证据,这种判定有时会比较敏感,有些时候甚至是极具争议性的。公元前468年,埃伊纳岛(Aegina)的菲力阿斯(Pherias)由于看起来年纪太小而未被准予参加男子摔跤比赛。与之相反,罗兹岛(Rhodes)的尼卡斯洛斯(Nicasylos)由于长相略微成熟而被分派和一名成年男子进行摔跤比赛,尽管他的实际年龄仅有18岁。即便如此,他还是赢了那位成年男子,在接下来的一系列比赛中也披荆斩棘,但是最后,由于竞争对手太过凶残,尼卡斯洛斯20岁的时候便在比赛中身亡了。

在整个赛事中,引发人们最多关注和争议的便是参与身体接触项目的选手了。他们中最出名的要数摔跤运动员米洛(Milo),他在过去的20年间,连续取得了五届运动会的胜利。民间流传着许多关于他如何力大无穷的传说,相传,当相邻的城市攻打他的家乡克罗顿(Croton,位于意大利南部)的时候,他身披狮皮,手执棍棒,大摇大摆地出门迎敌。由于相信米洛是赫拉克勒斯的化身,入侵者忙不迭地落荒而逃。甚至米洛的死都成为轰动一时的传闻。云游作家鲍桑尼亚(Pausanias)曾写道:"在克罗顿境内某个地方,米洛遇到了一棵干枯的被劈开的树,里面各种楔形物横七扭八。米洛决定把手伸到树里面,但是那些楔形物突然开始滑动,带动着米洛开始迅速地转动。而后狼群发现了他。克罗顿境内到处都是这种猛兽……"

然而,奥林匹克赛事却因为一

菲利佩欧(圆型建筑)是为了纪念菲利普二世战胜希腊而建立的,其内摆放着马其顿王室成员的雕像

位拳击手的出现开始声誉受损。按照规定，所有的参赛选手都必须在奥林匹克委员会大楼前集合，面对着一头野猪的尸体宣誓他们会诚信比赛，绝不作弊。然而，公元前，塞萨利

公元前416年，雅典花花公子亚西比德在7场战车比赛中的优异表现惊艳四座

（Thessaly）的优普勒斯（Eupolus）却被查出向3名竞争对手行贿。裁判要求4个人全部缴纳了罚金，并且用这笔钱修建了4尊宙斯像（亦即宙斯群像）。该群像坐落于通往体育馆的必经之路上，上面刻着违规者的名字，以警示后人。每个去雅典游览的人都可以看到这座由16尊雕像组成的宙斯群像。

那些在施塔德短跑比赛中获胜的人会得到更为诱人的勋章。每年，独立城邦都会以首席地方法官的名字命名自己，这对那些致力编写地方志的人造成了不小的干扰。公元前5世纪末，怀着创立统一纪年系统的愿望，来自伊利斯的哲学家希庇亚斯想出了某种解决方案：他将举办第一届奥林匹克运动会的年份（科勒布斯赢得施塔德比赛的那年）记为公元前776年到公元前772年，以此类推，中间相隔的年份分别标记为"举办第二届、第三届、第四届奥林匹克的年份"。他的纪年系统受到世人一致好评。从那时起，希腊人便以奥林匹克运动会为契机，开创了历史新纪元，施塔德比赛的获胜者和他所在的城邦皆成为整个希腊语国度不灭的光荣勋章。

整场奥运会中，首个设立的竞技类项目是施塔德短跑比赛，公元前724年又引进了折返跑（diaulos）项目，而后其他项目如雨后春笋般蓬勃发展起来。这些项目可以大致归为三类，第一类是赛跑类，包括施塔德短跑、折返跑和长跑（4.5公里），以及施塔德负重跑。第二类是力量类，包括拳击、格斗、角斗（野蛮斗殴和赤手空拳搏击的合体，杀伤力极强）以及投掷标枪和铁饼，而第三类指的则是赛马（两轮、四轮甚至十轮的）、战车比赛以及骡子拉车等马术运动。

此外还有杂糅了力量和速度的五项全能运动。类似施塔德短跑等项目一经引入便受到了广泛欢迎，流传至今，而骡子拉车等其他比赛项目则默默地退出了历史舞台。

和其他国际性节日，譬如为了纪念阿波罗而在特尔斐举行的皮西安竞技会（Pythian Games）以及在雅典举行的泛雅典娜节不同，奥林匹克运动会并没有什么文化或艺术元素，其中却有两场比赛是和体育精神没什么关系的。公元前396年，体育场移到了宙斯庙以东80米开外的地方，由于此处某个特殊柱廊的存在，小号手和传令官一时风靡开来。在这处回声柱廊的声效作用下，任何声音都能够回传至少7次。

骑乘战车的人身着标志性的长袍，指挥着其由四匹马组成的战队

而马拉松这场赛事却受到世人的注意。它是为了纪念一次运动壮举而创立的。公元前490年，为了将希腊打败波斯的捷报从马拉松传到雅典，跑步健儿费迪皮迪兹（Pheidippides）昼夜不息地狂奔了40多公里。1896年，首届现代奥林匹克运动会于雅典（骄傲独立的希腊人的新首府）举行，正是在这届运动会上，马拉松赛事首次亮相。它标志着现代奥林匹克时代的到来——一场在希腊先祖们看来可能是面目全非的运动赛事，而这种不同不光体现在精神气质方面。正如新奥林匹克创始人顾拜旦男爵所说，曾经的"力争最优"的精神已经发生了质变："生命中最重要的不是胜利，而是参与；生命的意义不在于取得胜利这一结果，而是曾奋不顾身、全力一搏的过程。"

所有的自由人，无论身份地位如何，都可以参加奥林匹克运动会。

从第一届古代奥林匹克运动会到第一届现代奥运会

公元前776年 史上第一届有记录的奥林匹克运动会召开。唯一的比赛项目是施塔德短跑比赛，获胜者是当地一名烘焙师——来自伊利斯的科勒布斯。

公元前724年 增设了第二个运动项目——折返跑，并催生了一系列全新的赛事，包括五项全能运动和摔跤运动（公元前708年），战车比赛（公元前680年）以及赛马比赛（公元前648年）。

公元前720年 由于前面几场比赛的胜利者、来自墨伽拉（Megara）的欧丽斯普思（Orisippus）在比赛中跑丢了"遮羞布"，在后来的比赛中，参赛选手纷纷赤裸上阵，也许他们以为这样做更有助于比赛胜利吧。

公元前564年 来自费加利亚（Phigalia）的阿哈敕昂（Arrhichion）赢得了潘克拉辛（pankration）的胜利——然而这个胜利却是以死亡为代价的。他的对手由于脚趾头脱臼而痛苦万分，并且在阿哈敕昂进行至胜一击之前就放弃了。

公元前458年 当地建筑师李班（Libon）修建的宙斯庙落成完工，其经费来源于战胜邻邦赢得的钱财，庙内装饰着珀罗普斯、阿波罗和赫拉克勒斯的雕像。

公元前430年 这尊13米高、呈坐立姿态、面部漆成金色和象牙白色、手臂张开捧着希腊胜利女神像的宙斯雕像是雅典的菲迪亚斯（帕台农神庙Parthenon的设计者）完成的。

公元前416年 雅典来的亚西比德参与比赛纯粹是为了炫耀自己的财力，他闯进了战车比赛的前七名队列，比赛结束后又邀请所有的观众享用丰盛的晚宴。

公元前388年 来自罗兹岛（Rhodes）的皮索多罗斯（Pisodorus）原本在男子拳击比赛中夺魁，但却因为被查出来教练是个女人——准确来说是他侥幸通过了身份查验的母亲，而名誉扫地。

公元前356年 马其顿的菲利普二世在同一天收获了两个喜讯：他不仅在战车比赛中获胜，同时还喜得贵子——后来的亚历山大大帝。为了纪念他打败希腊的伟绩，后人称他为菲利佩欧。

公元前164年 来自罗兹岛的列奥尼达斯（Leonidas）不但赢得了施塔德短跑比赛的胜利，还在折返跑和重装步兵赛跑中拔得头筹，并且将这种荣光延续至后面的两届奥林匹克运动会。列奥尼达斯所保持的9次胜利的记录直到2016年才被迈克尔·菲尔普斯（Michael Phelps）打破。

公元前458年 卡利古拉（Caligula）试图将宙斯像搬到罗马，但是当他的手下听到雕像里传来的哀婉呜咽声时，立时便收了手，拒绝再移动宙斯的雕像。

为了纪念在十匹马战车比赛中取得胜利，尼禄（Nero，古罗马暴君）在竞技场周围建造了一处宫殿和凯旋门——其实在比赛中途，他从战车上摔了下去，根本就没有完成比赛。

公元391年 在基督教的浸润下，罗马帝国的迪奥多西（Theodosius）大帝禁止所有其他异教信仰，但是奥林匹克运动会得以幸存下来，最终于公元425年走下历史舞台。

公元462年 公元390年，宙斯雕像被转移到君士坦丁堡的一处贵族宫殿，却在一场大火中被付之一炬，好在拜占庭的画师已经根据雕像的样貌勾勒出了上帝的脸庞。

公元1896年 在古代奥林匹克运动会的启发下，英国的公立学校和什罗浦郡（Shropshire）的马奇温洛克运动会（Much Wenlock Olympics），皮埃尔·德·顾拜旦于雅典组织举办了首届现代奥林匹克运动会。来自希腊的施皮罗斯·路易斯（Spyros Louis）赢得了此次奥林匹克马拉松项目的胜利。

古代埃及住所内部

古埃及的民宅是用泥砖或土坯砖建造而成，并且供同一个家族的几代人居住。埃及的家庭通常人数较多，而且相对贫穷，这意味着大家庭成员们往往会挤在同一个简陋的生活空间或客厅里，在那里共享食物、沟通交流和一起做家务。

窗户修在建筑的高处，以防止灰尘被吹进房屋，并尽可能地减少阳光直射，避免住户被灼晒。室外的墙壁被涂成白色以抵御酷热，但室内墙壁上经常会用装饰性的图案来为房间增加一点颜色。

埃及社会有着严格的等级制度和家庭结构，甚至他们的房屋在城镇或城市内的位置都体现了这一点。精英家庭，那些最富有的人，社会关系最优越的人，他们的房屋会最接近定居地的宫殿或寺庙。在这些家庭中，一家之主通常是最年长的男性和他的妻子，他们一般都享有拥有自己的房间的特权，并且他们的房间通常与这个家庭中极其重要的宗教神龛相连。一家之主的房间和神龛通常位于房屋的中央，儿童房、厨房区和仆人区则位于周边。

然而，城市人口的大多数都是贫穷的农户，他们依赖肥沃的尼罗河三角洲过活。他们的房屋远离城市中央的有名望的地方，而且在面积和结构上也更为简陋。即使在这些较小的住宅中，埃及的等级制度，尤其是父权制也是显而易见的，丈夫和父亲会在房子里更舒适的位置上吃饭和睡觉。

通风口

小型的矩形开口，通常用木条来固定，并且完全没有玻璃，这种古老的窗户主要用来冷却房子及其居住者。它们被安置在建筑物的四周，并且建在墙壁的高处，以防止灰尘和沙子进入家中。

屋顶平台

一般的住宅都有几层，带有用土坯砖砌成的通往屋顶平台的楼梯。屋顶平台是晒腌肉和腌鱼的最佳地点，或者是白天的时候在平台干活，以期获得一丝微风。屋顶本身是由原木建成——通常是来自枣椰树——原木被成排放置并覆盖上尼罗河的泥浆，以防止下雨时发生泄漏，当然，这种情况是很罕见的。

房屋前方

住宅入口的大门由木头建成，通常比房屋里其他的门更厚实。这不仅是为了给邻居们留下深刻印象，也是出于安全的考虑——他们的门上没有安装保险或警报器，家庭里大部分的贵重物品都藏在房屋的地下室里。

迎宾室

这是接待客人和信使的地方，也是妇女聚集的地方。这儿通常会有一个祭坛用来供奉喜神贝斯（Bes）——一种埃及人认为可以为房屋以及家庭驱恶避害的侏儒生物。入口的大厅会装饰得很豪华，以此给客人留下深刻印象并展示家族的威望。

安全特征

没有玻璃，窗户上会安上石条或栅格，以防偷窃。门由木板构成，顶部和底部用金属钉固定，并且以一个石孔为中心进行旋转。由金属或木头制成的螺栓和扣钩提供了安全保障。

公共区域

这个中央房间是家庭成员聚集的地方。这儿会有陶器和由木头雕刻而成的简单的木质桌子和凳子。富人家里会有由乌木、象牙和黄金装饰的家具，而椅子则被认为是奢侈品。有时墙壁上会画上颜色鲜艳的神像和自然景观。

设备齐全的厨房

面包是埃及人的主食，由家中的妇女在黏土烤炉中烤制而成。厨房里储存着香料、水果、蔬菜和肉类，他们甚至还有一种原始的冰箱：在地上挖一个洞，然后盖上盖子就能保持洞内储藏物的清凉。

建筑材料

尼罗河为埃及居民提供了大量的泥浆，他们过去常常用这些泥浆来修建房子。他们会将泥浆与沙子以及切碎的稻草混在一起，使其黏合，并用矩形的木头框架将其制成砖块（被称为土坯砖），然后晾干。这是当时的富人和穷人的主要建筑材料，但灼热的高温常常会导致砖块碎裂。

卧室

床垫由用线穿在一起的灯芯草制成，在地板上铺开或是缠绕在一个简单的木制框架上，床垫下方带有一个弯曲的木质头枕以支撑颈部。这里可能会放有箱子用来存放物品，但卧室内的家具通常是有限的。

进入地下室

在埃及极其炎热的气候下，地下是保存食物（诸如洋葱、豆类、萝卜和水果）最清凉的地方。地下室的入口通常是隐蔽的或被盖住的暗门。

国王和王后篇

挖掘历史上权势最盛、最孔武有力、彪炳史册的君主背后的故事。

71　尼罗河畔的蛇蝎美人：克利欧佩特拉
一场激烈的权力之争和一段被诅咒的爱情如何改变了埃及女王的命运。

87　法国国王路易十四
太阳王（Sun King）既是一座闪亮的灯塔，也是一股致命的破坏性力量。

92　都铎王朝国王亚瑟及其他七个失落的君主

104　受审的血腥玛丽
是亨利八世性格最极端的女儿还是新教宣传的受害者？

122　13位历史留名的王室情妇

尼罗河畔的蛇蝎美人：克利欧佩特拉

一场激烈的权力之争和一段被诅咒的爱情如何改变了埃及女王的命运。

当战败的罗马大将马克·安东尼（Mark Antony）被带到克利欧佩特拉（Cleopatra）面前时，整个人已经是血流如注，他以为他的爱人已经死去，于是便选择了英勇就义、自刎谢罪，而非投降苟活于世。场景切换到古城亚历山德里亚的秘密墓穴中，安东尼躺在克利欧佩特拉的臂弯里，呼吸急促而艰难。他终归是错了，她并没有死。鲁莽葬送了他的一生。他为她而战，为她背弃了自己的城邦，为她双手沾满鲜血，而此刻，他又要为她死去。安东尼咽下了最后一口气，这意味着克利欧佩特拉失去了一位深爱她的人——这已经不是第一次了。如果他们联合起来，将能改变罗马帝国甚至整个世界的历史进程。历史总是惊人地相似，14年前，另外一名战俘也是这样悲惨地死在了克利欧佩特拉的怀里。

为了和罗马大帝朱利叶斯·恺撒（Julius Caesar）长相厮守，克利欧佩特拉曾倾其所有。她甚至还为恺撒生了个儿子，取名为恺撒里昂（Caesarion），昵称"小恺撒"。拥有着爱人的强力支持，她希望她的孩子能够成为一国之主，建立一个统一而伟大的帝国。她甚至不遗余力地尝试和恺撒一同生活在罗马，但是她的计划随着恺撒被自己亲信的背叛和谋杀而付诸东流。恺撒在世时，克利欧佩特拉受到罗马人民喜爱，但在凯斯死后，热情演变为了敌意，最后克利欧佩特拉不得不带着她的儿子逃回埃及。痛定思痛之后，她开始更为审慎地重新规划和组织力量。

> 她乘着一艘豪华的游艇出行。她涉水去探望安东尼的画面十分震撼。

恺撒死后，法老不得不重新审视克利欧佩特拉在埃及的地位。与此同时，另外一个人的人生轨迹将彻底改变，那便是恺撒忠诚的将军——马克·安东尼。安东尼的人生并不顺利。尽管出身名门望族，他却有着一位堕落无能的父亲，这意味着没有人能在他的成长阶段起到良好的榜样作用。年幼的时候，安东尼沾染上了赌博、酗酒等恶习，也是从这个时候开始，女人变成了他的死穴。年轻的安东尼非常叛逆，性格暴躁，大手大脚。直到参军、成为恺撒的亲信之后，他才开始过上有序的生活。

安东尼和恺撒的关系算不上多稳定，但是他却一直坚定不移地站在恺撒的一边，拒绝了企图高价收买他去刺杀恺撒的那些人，并且还告诫恺撒保持警惕（尽管最终还是没能力挽狂澜），其忠心可见一斑。刀光剑影的将军生活锤炼了

克利欧佩特拉与弟弟为争夺埃及的唯一统治地位而兵戎相见

马克·安东尼于公元前41年受到了克利欧佩特拉的接见。安东尼被这位女皇所居住的华丽宫殿深深地吸引住了,于是决定多逗留些时日

安东尼的政治敏感度,然而,即便到了40岁,他的内心深处仍然是一个叛逆的孩子,他一切的行为都是从心而发。在恺撒的葬礼上,他的情绪得到了最大程度的释放,激动的他一面诵读悼文,一面揪住恺撒大帝染满鲜血的外袍,使得全场观众都惊骇不已。整座城邦陷入了混乱状态:建筑物被焚烧殆尽,惊魂未定的叛乱者纷纷逃之夭夭。

尽管天资不够聪颖,性格又过于鲁莽,但是凭借着一腔赤胆忠心,安东尼仍旧震慑了仇敌们。他就像是一只患了狂犬病的动物,行为难以预测。恺撒被谋杀后,大权虚位以待,国家分崩离析、内战不断,直到公元前41年政局才稍微稳定了一些。统治大权由安东尼和恺撒的养子、名义上的继承人屋大维(Otavian)共同掌握,后者管辖西部各邦,而安东尼统摄着东部各个城邦。

面临着日益强大的帕提亚帝国的威胁,安东尼希望通过一场战役来击退敌人,但是他缺少一样东西——钱。渴望和一位强手联盟的安东尼打起了世界上最富有的女人——埃及法老克利欧佩特拉的主意。这位富婆是他的朋友恺撒大帝的盟友,安东尼希望自己也能够有此优待。公元41年,安东尼约克利欧佩特拉在土耳其会面,执行他雄伟的计划——利用她的财富为自己造势。

克利欧佩特拉打算从菲莱岛出发。这座岛屿建有一座伊希斯庙——克利欧佩特拉模仿的女神

但克利欧佩特拉也绝非傻瓜。尽管她也明白，和罗马最有权势的人联手对双方都有利，但是她仍然明确地告诉对方自己不会轻易被说服。她拒绝了安东尼再次见面的提议，在后者的再三坚持下，她终于点头应允了；她要保证自己给对方留下一个永世不忘的印象。克利欧佩特拉乘船从埃及出发驶向塔尔苏斯，旅程的后半部分则换乘了一艘游艇。她涉水去探望安东尼的画面十分震撼。在轻柔的竖琴和长笛的伴奏下，游艇紫色的帆和银色的船桨显得特别美丽。整艘游艇布满了异域风情的鲜花，香气扑鼻。而我们的女主角克利欧佩特拉打扮成女神维纳斯的模样斜倚在甲板上，周围簇拥着一群年轻的男孩以及穿戴宛如海之仙女的漂亮女孩子。

克利欧佩特拉的目的达到了——从见到她的那一刻起，安东尼便深深为克利欧佩特拉所倾倒。他邀请她共进晚餐，克利欧佩特拉却回复说应该由她来做东。这原本关乎着身份地位，但是安东尼却从未对任何一个女人说过"不"字。他被引至一场豪华的户外宴会，树上装饰着各种漂亮的灯。第二天，安东尼鼓足勇气邀请克利欧佩特拉共进晚餐。他暗暗发誓要在气势上压过克利欧佩特拉，却发现自己完全无法战胜这位埃及艳后。然而，克利欧佩特拉对财富完全没有兴趣——毕竟她是这世上最富有的女人——真正能够夺取她芳心的男人无一不是勇敢而胸怀大志的武士，而安东尼狂野不羁的性格完全对她的胃口。她同意帮他的忙，条件是要他帮她杀人——对一个普通市民而言，这个要求似乎不可理喻，但是作为一名战士，他马上就明白了她的意思。

阿尔西诺伊（Arsinoe）是克利欧佩特拉的妹妹：她和兄长托勒密十二世（Ptolemy XII）共同执掌埃及大权，但是在克利欧佩特拉和儿子恺撒归来

她乘着一艘豪华的游艇出行。她涉水去探望安东尼的画面十分震撼。

克利欧佩特拉一口咬定，她那命途多舛的儿子恺撒里昂是罗马传奇人物、她的恋人朱利叶斯·恺撒的儿子。尽管恺撒从未亲口承认过这个儿子，但是他既然允许情人以自己的名字命名这个孩子，很显然他知道这个儿子是自己的。关于这个孩子的描述，如今只见于神话传说和传奇故事中，但是史学家们纷纷认为，他和他的父亲在言行举止和相貌方面极为相似。"小恺撒"的童年是在父母的陪伴下在罗马度过的，在那段时期，母亲克利欧佩特拉每天都翘首期盼着恺撒能够承认这个孩子、立他为王位继承人。然而，她的苦心随着恺撒被刺杀而付诸东流。

恺撒死后，克利欧佩特拉带着三岁的儿子回到了埃及，依照传统，恺撒里昂和母亲一道受封成为继任者。为了宣传造势，克利欧佩特拉将自己的宝贝儿子描述成古埃及的太阳神何露斯（Horus），而将自己比作丰饶女神伊希斯。随着安东尼的到来，她为儿子编织的天命领袖的画面更加鲜艳起来。克利欧佩特拉和安东尼二人以"万王之王"来称呼小恺撒，而安东尼也当众宣布恺撒里昂是恺撒的亲生儿子，有权继承其父的王位。

正是这一行为造成了这个孩子的厄运——克提乌姆海战（Battle of Actium）败北后，克利欧佩特拉乘船逃亡，并派人试图将时年17岁的恺撒里昂偷运至印度，但是由于知情者的背叛和欺骗，恺撒里昂最终落到了屋大维的手里。对信仰"这世上恺撒越多危险越大"的屋大维而言，恺撒里昂无疑是一种致命威胁。尽管关于恺撒里昂之死的记录已经淹没在历史的长河中，但是很有可能杀死他的正是屋大维。

庙墙上刻的描述克利欧佩特拉和恺撒里昂在埃及丹达拉（Dendara）的场景

恺撒之子

这个孩子的父亲发动了可能改变世界历史进程的战争

之后，阿尔西诺伊便被逮捕，并流放到阿尔忒弥斯（Artemis）庙。即便如此，克利欧佩特拉仍然视阿尔西诺伊为眼中钉肉中刺，恨不得立即将她碎尸万段。她请求安东尼杀了阿尔西诺伊——她也曾求恺撒这样做，但是恺撒下不了手，安东尼就不同了，由于急需克利欧佩特拉的钱，又深深地拜倒在她的石榴裙下，他立即宣布判处阿尔西诺伊死刑。他带人强行闯入阿尔西诺伊躲藏的庙宇，不顾罗马全体人民的反对，于众目睽睽之下残忍地杀死了阿尔西诺伊。这并不是安东尼最后一次违背其子民的意旨行事，只为了讨好他所爱的人。

几个世纪以来,克利欧佩特拉的死被艺术家们描绘成不同的场景

> 克利欧佩特拉公然反抗屋大维的政令,并且选择了结束生命,去和她深爱的男人安东尼在地下相会。

安东尼的举动深深地震撼了克利欧佩特拉,二人承诺誓死不分开。公元前41年冬天,身为盟友加恋人的他们在亚历山大共同度过。解决掉让她心烦的兄妹后,克利欧佩特拉终于可以自由地追逐所爱了。然而另一方面,安东尼却被指婚给了富尔维娅(Fulvia),尽管这个女子根本入不了他的眼。在克利欧佩特拉的陪伴下,安东尼回归了花花公子的本性,终日声色犬马。这对恋人在一起打牌、饮酒、狩猎。据传闻,他们在夜间会打扮成仆人的模样在城市中晃荡,时不时叩击百姓的家门,其轻浮之举着实让人不堪忍受。

尽管身家显赫,安东尼却从未见过像克利欧佩特拉所住的宫殿那样豪华的地方。他们二人成立了一个叫做"独特肝脏"的协会,在此饮酒、寻欢,日日笙歌。据载,有一次克利欧佩特拉打赌说自己一顿晚宴要花费一千万塞斯特帖姆(古代罗马的货币单位),安东尼相信了。然而,接下去克利欧佩特拉却摆了一桌平平无奇的家常便饭,引得安东尼一阵嘲笑。接着,我们的女王拿起了一杯味道浓烈的蒜汁,将自己价值连城的珍珠耳环放了进去,奇迹出现了:耳环溶解了!事情发生100年后,坊间才开始流传这个故事(事情真相如何至今仍难下定论)。但这至少证明了一个事实:这二人在亚历山大过着极度奢靡的生活。

在二人鱼水欢愉的同时,安东尼的妻子富尔维娅也在暗中谋划着。为了让丈夫回心转意,她公然宣称二人结成了反抗屋大维的统一战线——这一鲁莽之举最终引发了全面战争。安东尼对于妻子打着自己的名号到处招摇的行为勃然大怒,很快,他便回到了意大利,同屋大维协商谈判。不久后,富尔维娅便过世了,安东尼借机迎娶了屋大维的妹妹奥克塔维亚(Octavia),以显示自己效忠屋大维的拳拳之心。此时的安东尼还没准备好开战。

而此时的克利欧佩特拉已经为安东尼怀上了一对双胞胎,并且在两个星期后诞下了亚历山大·赫利俄斯(Alexander Helios,太阳神)和克利欧佩特拉·塞勒涅(Cleopetra Selene,月亮神)。除了眼睁睁地看着安东尼娶别人,克利欧佩特拉别无他法,然而她看起来似乎也并不在乎。她继续为安东尼提供军事装备以及他需要的钱财,她有着充分的自信——没有人可以与自己媲美,即便是罗马统治者的妹妹也不行。克利欧佩特拉从不出错,这次也一样。

为了庆祝他在亚美尼亚（Armenia）取得的胜利，安东尼下令打造了这些硬币

安东尼只身逃亡亚克兴角（Actium），弃众多战舰于不顾

装取得了胜利，庆贺地点不是在罗马而是在亚历山大。在孩子的簇拥下，他们一起坐在烫金王座上。故事的最后，安东尼最终彻底撕去了罗马贵族的面具，他把罗马和帕提亚的土地分给了自己的新一任妻子和孩子，最为出格的是，他竟然宣布恺撒里昂是恺撒的嫡子和皇位继承人，而非屋大维。

罗马震怒了。而安东尼由于和当时最有权势、最富有的女人结成了统一战线，对于竞争对手（屋大维）再也无所畏惧，甚至也不再需要他的支持。事实上，安东尼十分自信，也根本不在意公开挑明敌意。对克利欧佩特拉而言，现在这个局面不过是自己多年权力游戏和投资的结果——她废除了安东尼对罗马帝国效忠的义务，让他成为了东方之主。作为一位爱出风头的人，克利欧佩特拉给安东尼穿上紫色长袍，给他戴上珠宝首饰，又将一支金色的权杖塞到他的手里。这位尼罗河畔的女王需要一个像她一样光彩夺目的人，她这么做正可以让屋大维难堪。

此时此刻，身居罗马的屋大维正在发愁如何摆脱安东尼，现在机会来了，他趁机剥夺了安东尼的权利，并宣布他是一个道德败坏的人。为了扭转安东尼在公众心中的英雄形象，屋大维无所不用其极，指控安东尼是一名"土著"——这在罗马人眼中是极其恶劣的一项罪名。然而，屋大维的重点还是在于通过宣传克利欧佩特拉的"嗜酒的娼妓"的形象来抹黑她，以避免内战的发生。

安东尼指控屋大维是暴发户兼篡权者，还说屋大维谎称是恺撒的养子。忍无可忍的屋大维终于发动了对埃及和克利欧佩特拉的战争。他原本以为，自己没有在宣战时提到安东尼的名字，这位昔日的部下就不会借兵给克利欧佩特拉，他甚至还数次召唤安东尼返回罗马，但是事实证明，他的想法实在是太可笑了。安东尼早已彻底臣服于克利欧佩特拉，战争一打响他便马上加入了克利欧佩特拉的阵营。该来的终归会来，这场战争从他们遇见的第一天起就注定要上演。

双方战舰于亚克兴海岸兵戎相见。如果安东尼和克利欧佩特拉能够取得胜利，对于建立一个新的统一的帝国将会是极为有利的。然而，出于某种只有克利欧佩特拉才知道的

安东尼开始怀疑屋大维的忠心，而恋人美丽的脸庞又时时刻刻出现在他眼前。公元前 37 年，他带着怀孕的奥克塔维亚乘船前往叙利亚，但是在路上他却宣布，出于安全考虑，自己将不再和奥克塔维亚共同前行。奥克塔维亚回到了意大利，而安东尼则调转船头，向着自己日思夜想的埃及进发。分别了四年后，这对恋人终于团聚了。此刻，安东尼已经彻底忘记了自己曾对屋大维许下的诺言；尽管已经是有妇之夫，他还是娶了双胞胎的母亲——他最爱的克利欧佩特拉。一年之后，他们的另一个孩子降生了。

很快，他们便重新过上了奢靡的生活。公元前 34 年，安东尼输掉了帕提亚（Parthian）战役，然而这对恋人却伴

意大利艺术家文森索·卡穆奇尼（Vincenzo Camuccini）所绘的朱利亚斯·恺撒被行刺的场面。恺撒死后，克利欧佩特拉回到了埃及

原因，在战争进行到白热化的阶段，克利欧佩特拉却停战、乘船逃离了。尽管大惑不解，安东尼仍毫不犹豫地追随着自己深爱的妻子离开了。这使得屋大维轻而易举便进入了埃及。这位自封的君王在埃及境内长驱直入，在快抵达亚历山大港的时候，安东尼的士兵纷纷弃甲投降。由于盲目地爱着克利欧佩特拉，安东尼忘掉了决定战争胜负最重要的因素——民心。一个女人不论有多强大，都不可能取得战争的胜利，而士兵却可以。可如今，他的军队被敌人收服了。

安东尼绝望了。他试图从入侵压力山大港的大军中寻找庇护，但是毫无所获。接着有人告诉他克利欧佩特拉已经自尽了，信以为真的安东尼拔剑刺向自己的腹部，只为和爱人再次团聚。就在他快要死了的时候，他才发现克利欧佩特拉根本没有死，而是躲在陵墓里。他勉力喘息着，想要再见她一面。最后，安东尼被抬到了克利欧佩特拉身旁，然后在她的臂弯里停止了呼吸。

尽管克利欧佩特拉同样深沉地爱着安东尼，她却远远不像后者那么草率鲁莽。后来，屋大维擒获了她，并且宣布要将她当做战利品在罗马游街示众，直到这时，克利欧佩特拉才决定自杀。屋大维敏锐地察觉到了她自杀的念头，便加派人手紧密地监视她。他既渴望胜利，也渴望得到不菲的战利品，但是克利欧佩特拉是多么聪明而又无情的一个女人啊！关于这位埃及艳后究竟是如何死的坊间有很多说法，最流行的版本说她是被一条蛇咬在了胸部而亡。她做到了。克利欧佩特拉公然反抗屋大维的政令，并且选择了结束生命，去和她深爱的男人安东尼在地下相会。骄傲如她，是绝不会允许自己的英名被毁的。

安东尼和克利欧佩特拉的爱情是建立在利益基础上的——二人希望共同建立一个大一统的帝国，掌握至高无上的权力。或许，如果两人的关系仅仅维持在各取所需的层面上，历史的轨迹将会大为不同。然而，一种更为强烈的、难以遏制的力量紧紧地攫住了二人，那便是爱的力量。他们渴望休戚与共，而他们确实也做到了，无论是在共享荣华富贵时、在战场上、在取得胜利时、在面对死亡时，抑或在彻底结束生命之时。安东尼和克利欧佩特拉的命运终究是深深地纠缠在了一起。

在战争进展到白热化时，克利欧佩特拉放弃作战、乘船逃离了。尽管感到很困惑，安东尼仍毫不犹豫地追随着自己深爱的妻子离开。

克利欧佩特拉戏剧性的死亡

杜安·W. 罗勒（Duane W Roller）教授披露了很多所谓的神话。

为什么这么多人疑惑克利欧佩特拉是如何自杀的呢？

克利欧佩特拉死后一年内，毒蛇的故事（被法老用作代表他们生死权利的象征）开始在世间流传，即便如此，当世仍然有不少人对此抱有疑虑。说她是被毒蛇咬死的未免太令人匪夷所思了，这也就是为什么人们对这一话题始终争论不休。显然，由于毒蛇象征着胜利和权势，屋大维对此是深信不疑的（或者他想要这么做），但是我们不禁要问：这究竟是虚构还是事实？据我们所知，克利欧佩特拉在自杀之前给屋大维留了一张字条，但是这张字条至今尚未被人找到。克利欧佩特拉极有可能知道如果让世人知道自己独特的离世方式会产生多么大的戏剧效果——蛇是埃及文化中的重要象征符号。以现代爬虫学者的眼光来看，被蛇咬死极富争议性，除非伤口是在极其敏感的地方，否则被蛇咬上一口不足以置人于死地，克利欧佩特拉会选择这样一种离奇的方式结束生命，是怎么想都难以置信的。说是服毒身亡反而可信多了，但是这种死法显然不像被蛇咬死那样，极富艺术和文学感染力。

在埃及文化中，蛇象征着什么？

蛇是生育的终极象征（可能因为它们生活在土里，而土壤被看做生命的源泉），尤其和伊希斯（克利欧佩特拉的第二自我）有着千丝万缕的联系。从传统观点来看，克利欧佩特拉和蛇形标志以及与蛇的关联极为密切：在出席重大国事时她总是打扮得如女神一样。在地中海文化中，蛇拥有着灵动而极其重要的地位，克利欧佩特拉显然乐于借此留下自己生命中最浓墨重彩，也是最后的一笔。

莎士比亚戏剧《安东尼与克利欧佩特拉》究竟有多少可信度？

莎翁的这出戏显然是有历史依据的，但其所依据的乃是对这一事件进行解构的原始资料，而非我们今天对克利欧佩特拉进行的缜密分析。莎士比亚借鉴了普鲁塔克（Plutarch）所著的《希腊罗马英豪列传》，该书是我们能够找到的对埃及艳后进行剖析的最好（其实也差不多是唯一的）一手资料，尽管莎翁所参照的是英语译本（该译本又是原希腊文转译成法文版之后的英译文稿），对普鲁塔克的记载他未做太多改动，近乎是逐字逐句地进行解读，将原来的记叙文改写成了戏剧。仔细阅读这出戏我们会发现，莎翁非常看重原始资料中对克利欧佩特拉拥有的能力进行描述的部分，但是这些观点却常常因为她被世人视为红颜祸水而被忽视。

杜安·W. 罗勒所著的《克利欧佩特拉传记》业已问世。罗勒是俄亥俄州立大学教授，研究方向为古希腊、古罗马文学，现已退休。

关于克利欧佩特拉你了解多少？

这位"蛇蝎美人"留下了许多神话和传说。来接受斯芬克斯（Sphinx）的挑战，测试一下你对其了解多少吧！

问题：克利欧佩特拉因美貌而出名

☐ 是

☐ 否

正确答案：否。现存的图像资料中她们可以知道，克利欧佩特拉并不是传统意义上的美人——她有一个鹰钩鼻和如男性般凸出的下颌。

问题：克利欧佩特拉会讲多少种语言？

☐ 1

☐ 3

☐ 9

正确答案：大多数历史学家认为，这位埃及艳后掌握了 5 到 9 种语言，其中包括埃及语。

问题：克利欧佩特拉写了一本关于_____的书

☐ 爱情

☐ 医学

☐ 历史

正确答案：她的专著《化妆术》是关于制药学的，其中甚至提到痛风的治疗方法。

问题：克利欧佩特拉是一位残酷无情的蛇蝎美人吗？

☐ 是

☐ 否

正确答案：在当时，篡权之间确和暴力都是非常普遍的，克利欧佩特拉之所以心狠手辣是因为她对权力于生父的仇恨及篡夺。据推测，她在 18 岁时父亲的死与她有直接关系。

问题：克利欧佩特拉是罗马公民吗？

☐ 是

☐ 否

正确答案：否。克利欧佩特拉是埃及女王，并且在当时是非常富有的。可是，她也确有可能因为与罗马领袖凯撒及安东尼的关系，而获得过罗马公民身份。

问题：在她统治期间，克利欧佩特拉成功地_____

☐ 挽救了埃及的经济

☐ 得到了埃及人民的尊重

☐ 提高了埃及的综合国力

正确答案：多写的制定使得他们的国家得以生存下来，并且繁荣。但事实上，上图所描绘的其实，克利欧佩特拉一位有着精明能干且又聪慧的君主。她有能力在暴君的魔爪之下拯救国家并扩张了埃及在世界舞台上的影响力。

问题：克利欧佩特拉是被蛇咬死的吗？

☐ 是

☐ 否

正确答案：我们并不知道克利欧佩特拉究竟是如何中毒身亡的，据说她将毒药藏在梳子里，当然也有许多种其他关于她死因的猜测，但不管怎样，她死了。

问题：克利欧佩特拉死后，罗马掀起了什么样的时尚潮流？

☐ 罗马发型

☐ 珍珠首饰

☐ 两者都是

正确答案：其他两项都不是正确的。克利欧佩特拉引领了这些时尚，它们甚至多年后仍然在罗马非常流行，因为有很多人喜欢并尝试在服饰打扮上模仿她。

一个由埃及法老组成的希腊家族

这个充满着血腥暴力，由近亲结婚形成的托勒密王朝是如何掌权的？

关键   谋杀者   受害人

→ 被谋杀的
── 已知的亲缘关系
⋯⋯ 潜在的亲缘关系

在托勒密家族统治时期，托勒密帝国得以建立，而该家族是由亚历山大大帝麾下的某个将军世家——托勒密繁衍而来的。在此之前，埃及都是由法老统治的。托勒密延续了埃及法老家族内部联姻的传统，其后果便是家族成员体质的日渐衰弱。尽管不愿意与埃及人通婚，但法老却吸纳了很多埃及传统，为埃及文化注入了很多希腊文化的元素，从而打造了一种独特的二元文化。

托勒密八世，
公元前169年—公元前164年、公元前144年—公元前132年、公元前126年—公元前116年
在被指婚给克利欧佩特拉二世后，托勒密八世娶了自己的女儿，克利欧佩特拉三世。当他的第一任妻子试图将其子托勒密·孟菲斯（Ptolemy Memphitis）封为王储时，他命人杀掉了孟菲斯，并且将尸块寄给了她。此外，据说托勒密八世还是杀死托勒密七世的元凶，令人迷乱的是，托勒密八世究竟是托勒密七世的儿子、侄子抑或就是托勒密·孟菲斯本人成了一个永远的谜。

雷西马克（Lysimachus）

儿子托勒密

阿尔西诺伊三世

克利欧佩特拉一世

托勒密七世

特里菲娜（Tryphaena）
特里菲娜憎恨她的姐姐，克利欧佩特拉四世，并且继承了其父嗜血如命的基因，终于有一天，她在一个神庙内杀死了她的姐姐。善恶终有报，后来，她的姐夫把她谋杀了，为自己妻子报了仇。

克利欧佩特拉四世

托勒密九世，公元前116年—公元前110年、公元前109—公元前107年、公元前88—公元前81年

贝蕾妮丝三世，公元前81—公元前80年

托勒密十二世，
公元前80年—公元前58年、公元前55年—公元前51年
尽管托勒密十二世呕心沥血地经营国家，他的女儿们却一再把他赶下王位。最终夺回皇位的他命人砍掉了女儿贝蕾妮丝的头。

阿尔西诺伊四世，公元前48年

贝蕾妮丝四世，
公元前58—55年
贝蕾妮丝四世很有可能是毒死其竞争对手克利欧佩特拉五/六世的凶手，因为后者在争夺法老之位中对她构成了很大的威胁。因为不愿意和别人分享权力，她掐死了丈夫西流基七世（Seleucus VII），从而早早地结束了这段原本就不情愿的婚姻。

托勒密十三世，公元前51—公元前47年

朱利叶斯·恺撒

托勒密十五世"恺撒里昂"

- 托勒密一世（Ptolemy I），公元前323年至公元前283年
- 贝蕾妮丝（Berenice I）一世

阿尔西诺伊二世（Arsinoe II）
阿尔西诺伊是一位极其野心勃勃的女人，15岁时嫁给了60岁的雷西马克，为了自己儿子的前程，她毒死了雷西马克的长子。

- 托勒密二世，公元前285年—公元前246年
- 阿尔西诺伊一世
- 托勒密三世，公元前246年—公元前222年

贝蕾妮丝二世
贝蕾妮丝二世原本是许配给马其顿王子德米特里厄斯（Demetrius）的，但是却发现她的丈夫背着自己和自己的母亲搞到了一起，盛怒之下，她在母亲的卧房里亲手杀了这个负心汉。

托勒密四世，公元前221年—公元前204年
托勒密四世极度依赖群臣，在登基之时便下令让他们杀死自己的很多亲人，其中包括他的母亲、叔叔和兄弟。

托勒密五世，公元前204年—公元前181年
在托勒密五世还是个小孩子的时候，他的母亲便被谋杀了，而他则面无表情地下令让一名亚历山大城内的暴徒处死了杀人者阿加托克利斯。

- 克利欧佩特拉二世
- 托勒密六世，公元前180年—公元前145年
- 克利欧佩特拉二世

克利欧佩特拉·塞勒涅（Cleopatra Selene）一世
和其他家族成员不同，杀死克利欧佩特拉·塞勒涅的人并非是家族内部的人。

托勒密十世，公元前110年—公元前109年、公元前107年—公元前88年
在和其母共同摄政多年又被迫和兄长托勒密九世互换位置后，托勒密十世最终杀掉了自己的母亲，从而得以登基为王。

托勒密十一世，公元前80年
贝蕾妮丝三世是托勒密十一世的叔叔，亦即托勒密十世的妻子。然而，19天之后，他就弄死了自己的老婆，而后被怒火中烧的暴徒杀掉。

- 克利欧佩特拉五世及六世

克利欧佩特拉七世，公元前51—公元前30年
毫无疑问，是她杀了姐姐阿尔西诺伊。很有可能其弟和丈夫托勒密十四世也是死于她之手，原因就在于，托勒密十四世的死对这位利欲熏心的女人非常有利。

托勒密十四世，公元前47—公元前44年

- 马克·安东尼
- 亚历山大·赫利俄斯（Alexander Helios）
- 克利欧佩特拉·塞勒涅二世
- 托勒密二世

神的力量

克利欧佩特拉将自己比作女神伊希斯（具有让死者起死回生的本领），无独有偶，大量历史记录显示，从很早的时候开始，人类统治者便声称自己具有神性。

亚历山大大帝

亚历山大向子民号称自己是一尊神，他自己对此更是深信不疑。他笃信自己是传奇战士阿喀琉斯（Achilles）的后代，还坚称自己是宙斯的儿子。他认为自己之所以能够打败大流士三世（Darius III），正是因为身上具备神性。

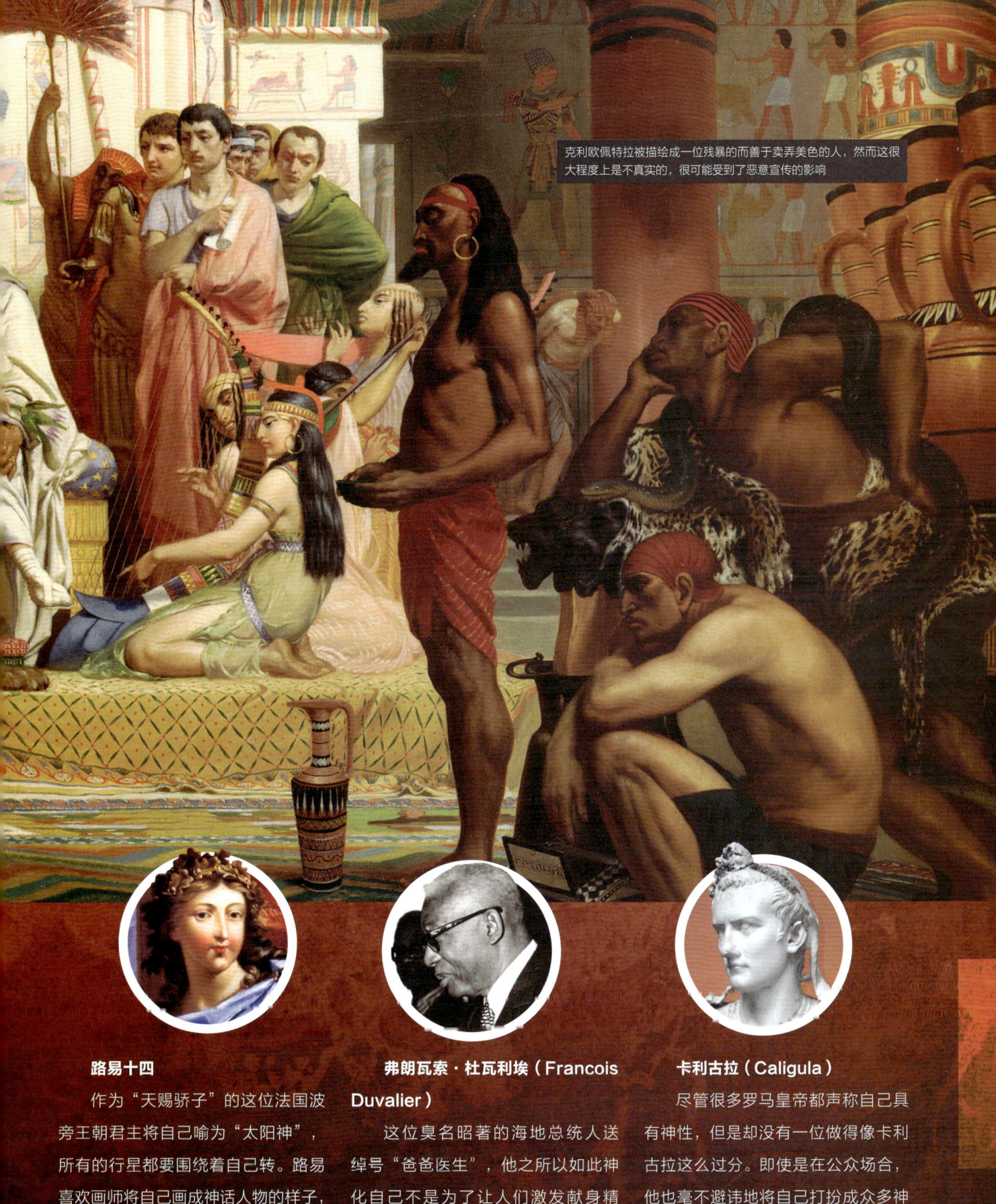

克利欧佩特拉被描绘成一位残暴的而善于卖弄美色的人,然而这很大程度上是不真实的,很可能受到了恶意宣传的影响

路易十四

作为"天赐骄子"的这位法国波旁王朝君主将自己喻为"太阳神",所有的行星都要围绕着自己转。路易喜欢画师将自己画成神话人物的样子,譬如阿波罗、海神甚或是宙斯。在这幅画中,路易十四就化身成了宙斯。

弗朗瓦索·杜瓦利埃(Francois Duvalier)

这位臭名昭著的海地总统人送绰号"爸爸医生",他之所以如此神化自己不是为了让人们激发献身精神,而是让他们产生畏惧感。他试图模仿伏都教的精神领袖男爵萨梅迪(Samedi)。为了造势,他甚至宣称自己本身就是一尊神。

卡利古拉(Caligula)

尽管很多罗马皇帝都声称自己具有神性,但是却没有一位做得像卡利古拉这么过分。即使是在公众场合,他也毫不避讳地将自己打扮成众多神祇和英雄人物的模样,称自己是一尊神,甚至要求城邦居民和元老院议员像崇拜永生神一样崇拜他。

有了来自法国国王的庇护,作家、诗人、画家和作曲家们迎来了艺术的黄金时期。

法国国王路易十四

太阳王(Sun King)既是一座闪亮的灯塔,也是一股致命的破坏性力量。

路易十四是法国在位时间最长的君王,但是他年轻的时候曾当了将近20年的傀儡。从4岁起,他就受到导师——红衣主教朱尔斯·雷蒙德·玛扎然(Jules Raymond Mazarin)的庇护。这位来自意大利的宰相与这位王储关系非常密切,他负责路易的教育,并为路易定下了两条独特的原则:其一,法国的贵族是一个危险的派系,必须严加注意;其二,君王必须专制。这两条原则也同样被路易早期生活中的关键人物,即他的母亲奥地利的安娜女王(Queen Anna)所认同。

路易小时候,法国爆发了"投石党运动"——被剥夺公权的贵族、法国议会的立法者以及法国人民结成联盟,要推翻安娜及其走狗——首任宰相的统治。此前,为了减缓法国乃至全国的人口增长速度,玛扎然决定征收重税,但此举却引发了人们的愤怒。与此同时,法国已经在"三十年战争"中与西班牙鏖战了将近13年,而且法国此时并没有一点休兵罢战的打算,这给法国的经济造成了毁灭性的打击。

出于这种考虑,安娜和玛扎然采取了极端措施,以确保实现唯一的目标——在路易亲政前实现中央集权。很快,法国与西班牙签订了《威斯特伐利亚和约》(the Peace of Westphalia),正式承认欧洲其他国家的主权。这是一种皇室的自治联盟,在这个联盟中,每个国家都以官方的名义互相承认对方对本国的主权。这份合约实际上削弱了法国议会及贵族的权力,但是这个本是用来为路易的未来开路的大胆举动却差点拆散了这个国家。

这之后的5年里,阴影一直笼罩在这位年轻的国王头上——他的国家陷入了内战,而他自己,由于其庇护者的阴谋,也成了被攻击的目标,惶惶不可终日。动乱期间,他曾多次被偷偷运送出巴黎。冲突升级的时候,他有时甚至不得不伪装成穷人躲起来。反抗军的领袖包括投石党人和玛扎然与安娜的反对党,但是他们无意将路易从王位上赶下来,所以当这位年轻的国王成年后,这场反抗也渐渐平息。

------ 决定性的时刻 ------

投石党运动

路易十四不到10岁时,法国爆发了一系列内战,当时巴黎议会、亲王、贵族以及国内的政要反对在位的国王及红衣主教玛扎然的改革。投石党运动中,玛扎然努力维持秩序,而年幼的路易十四则被迫过了一段东躲西藏的日子。

1648—1653年

路易十四和母亲的关系非常亲密,但是同时养育他的还有一众奶妈,包括图片中这位穿着半身长裙的拉·吉劳蒂艾尔女士(Dame Longuet de La Giraudiere)

1661年，玛扎然逝世，路易的实际掌权生涯终于开始。手握法国最高统治权的他开始形成自己的特色，一系列的举措也让各位大臣和政客震惊不已：他把玛扎然的继任者投入监狱；在一场长达3年的审判后罢免了财政大臣尼古拉斯·福盖（Nicolas Fouquet），并宣布自己将成为首位财政大臣。他用自己的行动向所有人公开宣称：我是国王，一山不容二虎。

这种自信源于最纯粹的路易——这个男人把自己视为帝国的中心，掌管万物。路易上台不久后就开始废除他母亲和玛扎然摄政期间的很多政策，这一行为在当时被视为一种自私和反抗。路易是一个真正的改良主义君主，十分喜欢国家各项事务尽在他掌控中的那种感觉。同时他也是一个荒淫无度之人，妻妾成群，见异思迁。不过他也从一开始就表明自己并不是一个昏庸懦弱的人，绝不会任大臣们摆布。

接下来的10年里，路易开始用一种前所未有的热忱改革法国的法律。罢免福盖后，他于1665年任命巴普蒂斯特·柯尔伯（Baptiste Colbert）为财务总审计长，以更有效的征税方式减轻国家债务负担。除此之外，路易还颁布了一个令人震惊的政策——免除所有贵族的赋税。在常人看来，这一举动荒谬至极，但这确实是一个绝妙的政治举措——这样一来贵族阶级就会归顺并效忠于他，事事顺遂他意，以保住他们的地位。

路易不愿屈从于法国的任何一个阶层，尤其是那些在他小时候反抗过他的庇护者。但是这位永远信心满满的君王知道，他需要建立起一种平衡关系。他知道巴黎的大臣们认为自己凌驾于君王之上，为了粉碎他们的阴谋，路易私下将他们代表政治权力的交椅搬到了凡尔赛宫——一开始凡尔赛宫只是一个简易的狩猎小屋，但是路易将它修葺一新，让它成为了欧洲的顶级宫殿。这样一来，真正的权力之椅就会慢慢从巴黎转移到凡尔赛，而法国的统治权则可以重新集中到路易手中。

与此同时，他还做了一个饱受争议的决定，那就是为法国快速发展的中产阶级提供保障，而这恰恰是路易的诸多前任忽略的一点。他在巴黎修建了巴黎荣军院（Hotel national des Invalides），为法国战争的退役军人提供医院和养老院。路易也因此成为第一批利用自身的皇室影响力对曾经为他的家族浴血奋战的人们表达敬意并提供庇护的法国国王。不管这个举动是出于纯粹的政治考虑还是路易自己的内心情感，它都为路易争取到了蓬勃发展的中产阶级给予的有力支持。

他的改革还涉及文化方面，因为路易本身就是雕塑、戏剧和文学的爱好者。在亲政期间，路易还赞助了法兰西学院（Academie Francaise），并利用该学院将凡尔赛变成了欧洲的文化中心。有了来自法国国王的庇护，作家、诗人、画家和作曲家们迎来了艺术的黄金时期——很快，从时尚到编舞，整个欧洲大陆都刮起了艺术之风。路易一直想要成为太阳王，成为万光之源，如今他的努力也渐渐有了回报。

路易在执政的前半段时间里采取的各项举措都是因为他迫切希望将自己和他的帝国塑造成主宰世界的力量。正因为如此，他并不愿意被结束了三十年战争的《威斯特伐利亚和约》（the Peace of Westphalia）所牵制。英国、西班牙和神圣罗马帝国在法国的土地上肆虐已久，法国需要重新显示其权威，而这就意味着战争的爆发。

路易是一个好战的国王，这也是他黑暗激进一面的体现。在他的资助下，法国参与了遗产战争，与西班牙争夺法国的权力基础：荷兰。虽然这场战争最终遭到英国、瑞典、西班牙和神圣罗马帝国的联合抵抗，但是它还是大大提升了路易在法国的地位。他亲自披挂上阵，成为了士兵和人民心目中名副其实的太阳王。

决定性的时刻

凡尔赛宫的扩张

路易在20岁出头的年纪实现了君主专制后，意识到自己在巴黎的受欢迎度和政治影响力正在消退，所以他把法国的权力转移到了凡尔赛。宏大的凡尔赛宫不仅成为了辉煌艺术的代言人，也成了路易绝对专制的同义词。

1661—1710年

路易十四和凡尔赛及其宠臣的有着类似于空想的关系,他也喜欢图中这样的寓言画

　　为了进一步提升自己的地位,路易又发动了法荷战争（1672—1678）,这场战争影响深远。太阳王觊觎西班牙控制下的荷兰,愿意不择手段达到目的。虽然这场战争差点让法国破产,但是最终为它争取到了新的领土,也增加了法国在欧洲政治舞台上的话语权。不过路易并没有就此满足,他又发动了大同盟战争（War of the Grand Alliance）（1688—1697）。在这场战争中,欧洲其他的主要力量联合起来抵抗法国,抵抗觊觎更多土地的路易。

　　晚年时期,路易十四的性格有所改变,法国亦是如此。路易从出生开始就是个虔诚的教徒,但晚年时,他的宗教倾向变得激进,也就是从这个时候开始,他的天主教教养开始生根。法国是个新教国家,但同时又是一个君主专制的国家,所以路易把他用在其他领域的改革也用到了宗教上。他撤销了其祖父亨利六世签发的《南特敕令》（Edict of Nantes）,如此一米法国新教徒的信仰自由及其他权利也一并被撤销了。之后他推倒了新教教堂,随之而来的恐怖气氛迫使大量的新教信徒背井离乡。

　　1715年9月1日,路易十四感染坏疽后,在凡尔赛宫中不治身亡。他执政长达72年,是欧洲史上执政时间最长的君主。在位期间,这位国王也给他的帝国产生了深刻的影响：法国得以复兴,法国经济得以重振,法国也稳立于欧洲主宰性军事力量之林。但是这位光芒万丈的太阳王也失去了一度支持他的人民——当法国的宗教精神多样性好不容易达到平衡时,他

和他之前的很多国王一样,路易也被欲望吞噬,不断地向其他国家发起战争,要以法国之名占领土地或收复失地

却强制性地发动了宗教改革。

如果要说路易十四犯了一个错误的话,那就是他不停地要摆脱自己的弱点。从巩固个人统治到不停地发动领土争夺战,太阳王在欲望的驱使下塑造了法国。

决定性的时刻

大同盟战争

路易十四的执政有一个特点:他不停地需要重申自己的统治权,重申法国在早期现代欧洲不断发展的政治场中的地位。大同盟战争中,法国单挑欧洲的其他主要力量,再一次证明这位国王不愿意在任何威胁面前显露出一点懦弱之色。

1688—1697年

他执政长达 72 年,是欧洲史上执政时间最长的君主。

都铎王朝国王亚瑟
(The Tudor King Arthur)
及其他七个失落的君主

历史总是充满着"如果",而21世纪的我们作为"后来人"很容易就能推测本来应该发生什么,这一点在涉及君主的案例中尤为如此。当国王和王后们逝世、退位或出现其他情况的时候,我们总是会想:如果当初事情不是这样,那又会发生什么?如果那些本能成为而且理应成为国王或王后的皇子、皇女或皇室成员的侄子侄女没有惨遭变故、丧失王位继承权的话,又会发生什么?

17世纪的英国,人们都预料文质彬彬的亨利王子(Prince Henry)会成为詹姆士一世(Henry I)的继任者,并为此急切地做着准备。可这王子却不幸因感染风寒,于1612年辞世。所以詹姆士逝世后,他的小儿子继承了他的王位,成为查尔斯一世(Charles I)。正是在查尔斯执政期间,英国陷入了内战。无独有偶,1922年,当奥斯曼帝国的苏丹被废黜,穆罕默德六世之子——穆罕穆德王子被迫与父亲一起遭到流放,掌权之梦就此落空。命运对他们就是如此残忍,但他们并不是个例。接下来再为大家介绍几位能够成为或理应成为国王的人物:

都铎王朝的首位继承人,亚瑟王子的人生在开始后不久便戛然而止

亚瑟王子（1486—1502年）

亚瑟是亨利七世（Henry VII）和约克的伊丽莎白的长子，出生于1486年9月。他的出生至关重要，因为他是都铎王朝的继承人。他的父亲受到亚瑟王传奇的影响，所以他的名字也取自这位传奇大帝，连出生地也选在了温彻斯特。1489年，亚瑟成为威尔士王子，受到父母的溺爱。亚瑟成长过程中的每一步都是按照父亲的继承人来进行的，受到的精英教育也是为了让他不再辜负文艺复兴时期的王子这一头衔。他的学习成绩非常优秀，很多同代人还说他非常英俊。

1501年11月14日，亚瑟在亨利七世的安排下迎娶了阿拉贡的凯瑟琳（Catherine of Aragon），也就是阿拉贡国王斐迪南（Ferdinand of Aragon）和卡斯提尔女王伊莎贝拉（Isabella of Castile）最小的女儿。至于二人最终是否完婚，几个世纪以来这个问题一直没有定论，但是可能性比较高的说法是二人并未完婚。不过不管是否完婚，这对夫妇把家安在了威尔士沼泽地区（Welsh Marches）的拉德罗（Ludlow），亚瑟也将在这里学习治国理政的方法。1502年3月，夫妻二人在这里双双患病，凯瑟琳挺了过来，但是亚瑟没有。他死于4月2日，留下了伤心欲绝的父母。之后他的弟弟亨利代替他成为了父亲的继承人。

如果他们是国王

亚瑟本来是要成为他的著名"祖先"，也就是亚瑟王那样的人，成为史上最传奇的国王之一。他性情温和，脾气不像弟弟亨利八世（Henry VIII）那般火爆。如果亚瑟没有英年早逝，他应该会和凯瑟琳一直生活在一起，英国也不会发生"大事"——与罗马教会分裂。更有趣的是，安妮·博林（Anne Boleyn）也不会像现在这样出名。

亚历克斯·彼得洛维奇（1690—1718年）
（Alexei Petrovich）

亚历克斯大帝（Tsarevich Alexei）自小就深受母亲影响，非常厌恶父亲彼得大帝（Peter the Great）。他的父亲也不喜欢他。1716年，亚历克斯为了保命逃亡奥地利，之后又轻信他人所言，以为自己不会遭到父亲的惩罚，被诱骗回俄国。回到沙俄后，他被迫放弃了自己的王位继承权，遭到逮捕，受尽折磨。1718年6月，亚历克斯逝世，死亡原因可能是因遭受酷刑导致伤口感染，也有可能是遭到父亲的暗杀，因为之前他曾声称要谋杀父亲。

如果他们是国王

亚历克斯并不像父亲那样有骨气，而是成天抱怨，游手好闲，且弱不禁风，无心政治。如果他成为国王，那也是一个轻易就能被操控的懦弱君主。

彼得大帝之子亚历克斯·彼得洛维奇

卡拉布里亚公爵斐迪南（1488—1550年）
(Ferdinand, Duke of Calabria)

斐迪南自出生时就被加封为卡拉布里亚和阿普利亚（Apulia）公爵，成长过程中也一直被寄予厚望，要继承父亲布普勒斯国王弗雷德里克（Frederick of Naples）的王位。但是意大利战争期间，法国与阿拉贡结成联盟，随即弗雷德里克于1501年遭到废黜。斐迪南被掳为人质，关押在巴塞罗那，但还是过着舒适的生活。在此期间，他与阿拉贡国王斐迪南二世结为朋友，还获得了斐迪南二世的继承人——查尔斯五世的青睐。查尔斯十分看重他的这位囚徒并于1526年亲自安排斐迪南迎娶阿拉贡国王斐迪南二世遗孀——热尔曼·德·富瓦（Germaine de Foix）。这对夫妇在巴伦西亚（Valencia）安家并在此成为了艺术的资助人。尽管斐迪南取得了皇室的身份，但是查尔斯五世显然没有把他当作一个威胁。

如果他们是国王

斐迪南显然是一个才貌双全的人，因为他与阿拉贡国王斐迪南二世和查尔斯五世大帝成为了朋友并获取了他们的信任。如果他继承父亲的王位成为那布勒斯国王，那么他的王国也必将继续陷于意大利战争。在强大的神圣罗马帝国面前，他很有可能步其父亲的后尘，同样遭到废黜。

路易十七（1785—1795年）
（Louis XVII）

路易十七所处的地位比较特殊，因为他拥有国王的头衔，但实际上从来没有亲政。他是命途多舛的路易十六和玛丽·安托瓦内特（Marie Antoinette）的第二个儿子。他的哥哥死后，他就成了父亲王位的继承人。作为路易王朝的王储，他过着养尊处优的生活，但好景不长。1789年，法国大革命爆发，路易十六国王及其家人被关押进巴黎的杜伊勒里宫（Tuileries Palace）。在狱中时，他们得以住在一起，但是1791年的一次越狱未遂让他们的狱中生活变得日益艰难起来。1793年1月，路易十六被处决，年幼的路易十七随之成为空有头衔的国王。第二年，年幼的他与母亲分开并于1795年6月死于淋巴结核，死时仍未摆脱囚徒的身份。

路易十六的继承人在法国大革命后的被囚期间死亡

如果他们是国王

由于法国大革命建立了共和体制，所以如果路易十七没有早夭，也几乎可以肯定他仍然难逃被囚的命运。而且，就算他有机会上台执政，也可能是一个傀儡。他加冕时尚未成年，因而会由他人摄政。除此之外，他还会遇到很多问题，比如当时的法国处于岌岌可危的状态，需要一个真正有领导能力的人来应对这个局面。

蒙默思公爵詹姆士（1649—1685年）
（James, Duke of Monmouth）

在查尔斯承认的私生子中，年纪最大的就是詹姆士。詹姆士的母亲是露西·沃尔特（Lucy Watter），查尔斯最早的情妇之一。尽管詹姆士得到了父亲的充分肯定，被加封为蒙默思公爵，而且查尔斯也认为儿子成为国王不会有任何问题，但是詹姆士却另有想法。他坚称自己手握父母成婚的证据，因此自己有继承王位的权利——不过他从来没有出具过这份证据。查尔斯二世死后，其弟于1685年继承王位，成为詹姆士二世，与此同时，詹姆士率军反叛。詹姆士先在英国的几个城镇自立为王，之后率军前往塞奇高沼（Sedgemoor）并于7月6日在此与詹姆士二世的军队交战。此战詹姆士告负，这位蒙默思公爵被生擒并关押进伦敦塔。7月15日，詹姆士在一场血腥的屠杀中被处决。

如果他们是国王

如果蒙默思公爵顺利继承了父亲的王位或成功废黜叔叔詹姆士二世，1688年那场推翻了詹姆士二世的光荣革命（Glorious Revolution）就不会发生，英国也将继续信仰新教。同时，由于蒙默思公爵的两个儿子也育有子嗣，因此这一血脉的继承也不会出现任何问题。蒙默思公爵和他的父亲一样，备受爱戴但同时也三心二意。如果他没有被处决，他的名声可能会和查尔斯二世一样。

弗朗茨·斐迪南大公（1836—1914年）
（Archduke Franz Ferdinand）

奥匈帝国皇储的遇刺事件被普遍认为是第一次世界大战的导火索。自1896年被立为皇储后，弗朗茨·斐迪南本将毫无疑问地加冕掌权。但是他却缺乏群众基础，他本来打算在上台后推行的政策也不受欢迎。这些政策有多不受欢迎呢？事实上，为了阻止斐迪南推行这些政策，由一群塞尔维亚恐怖分子组成的黑手党（The Black Hand）甚至计划在他于1914年6月28日访问萨拉热窝时刺杀他。就在这一天，弗朗茨·斐迪南与妻子苏菲（Sophie）在乘车经过萨拉热窝的街道时双双遭到加夫里洛·普林西普（Gavrilo Princip）的射杀。

> 奥匈帝国王储在萨拉热窝街头被射杀

如果他们是国王

如果弗朗茨·斐迪南成为了国王，他肯定会推行那些不受欢迎的政策。这些政策统称为"三元论"，即包括斯拉夫在内的三元帝制。这一项政策使得人们对他更加不满，因此很有可能为他招致其他的暗杀。

布拉班特利奥波德王子（1859—1869年）
（Leopold of Brabant）

利奥波德王子死亡，留下了伤心欲绝的父亲

利奥波德是比利时国王利奥波德二世（Leopold II）和妻子奥地利大公玛丽·亨利埃塔（Marie Henriette）唯一的儿子。作为他父亲唯一的继承人，利奥波德弥足珍贵，而他的出生也给父母和比利时带来了莫大的欢乐。膝下再无其他男嗣的比利时国王夫妇将所有的希望都寄托在了小利奥波德身上。但是不幸的是，利奥波德在9岁的时候失足掉进池塘，虽然没有被溺死，但是之后却因肺结核而生命垂危。比利时国王夫妇想尽了一切办法，但最终利奥波德还是重病而亡。国王悲痛不已，在儿子的公开葬礼上，伤心欲绝的他甚至趴在儿子的棺木上号啕大哭。

利奥波德的父亲在刚果的残暴行为为他带来了大量财富，但是同时也使得他名声大跌。如果他的儿子侥幸存活，有可能会停止压榨刚果，并因此赢回部分人的支持。

如果他们是国王

彭塔沃尔（公元前1173—前1155年）
（Pentaweret）

彭塔沃尔是古埃及法老拉美西斯三世（Rameses III）和其中一个妻子塔雅（Tiye）的儿子，他曾卷入谋杀父亲的内斗中。当他得知自己并没有被选为父亲的继承人时，便在母亲的唆使下试图通过武力篡位。但是他的阴谋被拆穿了，在审判中以叛国罪定罪。他的准确死因尚不明确，有可能是被迫服毒自杀。

> 当他得知自己并没有被选为父亲的继承人时，便在母亲的唆使下试图通过武力篡位。

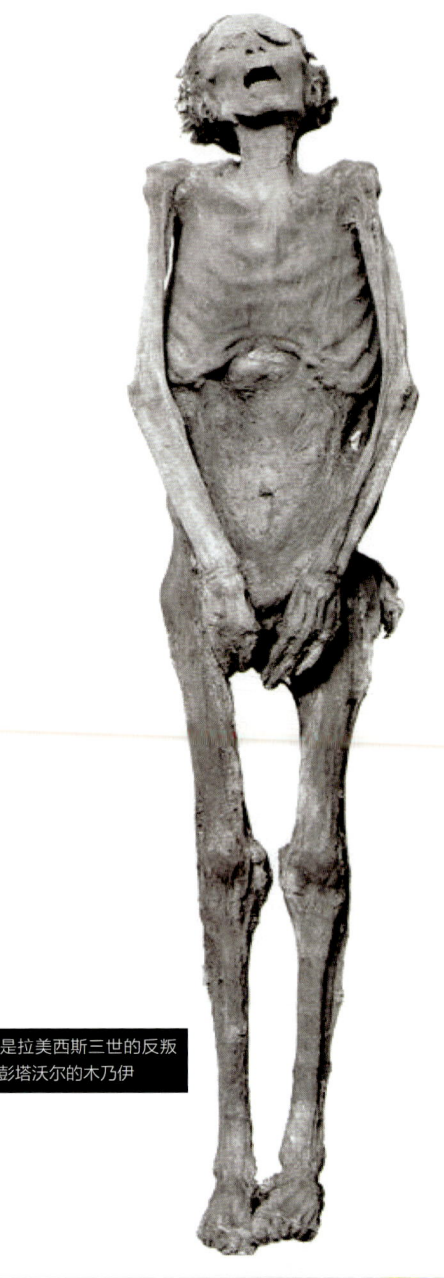

这可能是拉美西斯三世的反叛之子，彭塔沃尔的木乃伊

如果他们是国王

这场内斗得到了拉美西斯很多侍从的支持。显然，这些人相信彭塔沃尔具备一个成功君王的必备特质。但是，彭塔沃尔父亲在位期间，埃及的经济每况愈下，国家屡遭侵犯。因此，如果彭塔沃尔继任成为下一任法老，那他也将面临很多严峻的挑战。同时，由于缺乏有关彭塔沃尔性格的实质证据，我们很难确定他将如何应对这些挑战。

未雨绸缪：成功的关键

给准王储们的最佳建议

1. 频繁露面

任何一位希望在日后加冕掌权的王储都需要保证自己能出现在王朝现任掌权者的视线范围内，这一点非常重要。定期地公开亮相也能增加人气——毕竟，当简·格蕾（Jane Grey）成功（当上英格兰女王）时，并没有多少人庆贺，因为多数人根本就不认识她。

左图：简·格蕾的加冕并没得到人们的认同，最终她沦为了他人案板上的鱼肉，任人宰割。

2. 有模有样

形象即一切。如果你要统治国家，首先看上去必须有皇族气概。衣着和珠宝就是皇族气概的重要部分，也能很好地展示皇族的威严——都铎王朝和斯图尔特王朝尤其喜欢用珠宝来凸显自己。

左图：伊丽莎白一世最看重的就是自己的形象，她在华丽的服饰上出手阔绰。

3. 谨慎交友，郑重树敌

和朝廷身居要职的人成为朋友是一件很有好处的事，他们可以给你传递信息，也可以在你成功的时候引导你。同样地，不要让你的敌人离你太远，这样一来你就可以随时解决他们。

左图：弗朗索瓦一世（Francois I）的母亲萨伏依的露易丝（Louise of Savoy）以儿子之名，长期活跃在弗朗索瓦一世前任国王执政时期。

4. 择选良人

如果选得对，正确的婚姻伴侣可以巩固准王储的权力和地位，也可以增加你的财富。他们也可以成为一个强有力的支持者，比如，"疯女"胡安娜（Joanna 'the Mad'）的丈夫腓力就曾催逼胡安娜继承卡斯蒂利亚的王位。

左图："疯女"胡安娜的丈夫，美男子腓力为妻子的权力而战。

5. 流芳于世

当你在为日后的登基做准备时，也不要忘了想一想自己希望如何被历史铭记，不要忘了想一想如果你成为掌权者，又将怎样影响你的行动。是如阿拉贡国王"神者"马丁一世（Martin I 'the Ecclesiastic of Aragon'）般虔诚，还是如卡斯提尔（Castile）国王"智者"阿方索十世（Alfonso X）一样睿智？

左图：史上的阿拉贡国王马丁被称为"神者"。

男权至上

约克王朝公主伊丽莎白
（1466—1503 年）

阿拉贡公主伊莎贝拉
（Isabella of Aragon）
（1470—1498 年）

　　如果亨利八世（Henry VIII）的母亲，都铎王朝的共同创始人得以根据自己的权利顺利登基的话，那历史又将改写。金雀花王朝将延续下去，史上最大的谜团之一——伊丽莎白的兄弟，塔中的亲王们——也将不复存在。

　　伊莎贝拉是阿拉贡国王斐迪南二世和卡斯蒂利亚女伊莎贝拉的长女。在弟弟约翰出生的 1478 年之前，她一直都是父母暂定的继承人。她的第一任丈夫是葡萄牙王储阿方索（Alfonso）。阿方索死后，她又嫁给了葡萄牙国王曼努埃尔一世（Manuel I）。她死于难产——她是国王的王后，但不是执政的王后。

几百年来，相对于女性继承人，男性继承人一直是最优选择。在法国，男性继承人不仅是个优选，更是必选，因为《萨利克继承法》（Salic Law）规定女子不得继承王权或主位。皇室偏爱男性继承者有很多原因，比如，长久以来人们都认为女性不如男性，无法有效地治理国政。直到英国女王伊丽莎白一世掌权并以成效卓越的治国方针证明自己之后，这一观念才逐渐改变。但是不同于伊丽莎白的是，在她之前的很多公主并没有得到掌权理政的机会。

奥地利公主埃莉诺
（Eleanor of Austria）
（1498—1558 年）

埃莉诺的弟弟就是 16 世纪欧洲最强大的男人——查尔斯五世（Charles V）。尽管她的政治影响力微乎其微，但她成为了葡萄牙和法国国王的王后。她因自己的善举而出名，作为王后的她也曾在很多场合充当过中间人，气魄令人敬佩。

安古兰玛格丽特公主
（Marguerite D'Angouleme）
（1492—1549 年）

玛格丽特是法国国王弗朗西斯一世的姐姐，嫁给了纳瓦拉国王亨利二世。玛格丽特热衷于宗教改革并因此而闻名，她对欧洲 16 世纪的宗教改革（the Reformation）影响深远。她还是艺术领域重要的资助人，自己也是一位作家，以诗歌见长。

受审的
血腥玛丽

是亨利八世性格最极端的女儿还是新教宣传的受害者?

1516年2月18日,亨利八世和阿拉贡的凯瑟琳喜得千金,二人欣喜若狂。这个女孩得名玛丽,她也是夫妇二人唯一存活的孩子,因此他们对她宠爱有加。但是,她却并不是父亲朝思暮想的男性继承人——这一点对她的一生以及所有当时的英国国民都产生了至关重要的影响。尽管如此,玛丽的童年还是充满了欢声笑语。她享尽了荣华富贵,接受了与她身份相称的文艺复兴时期最优质的教育。她天资过人,在语言方面极为出色。

1527年,亨利八世公开表明了自己的休妻意图,玛丽幸福的家庭生活被击得粉碎。当时的亨利爱上了王后的一个侍从女官——安妮·博林(Anne Boleyn)。他相信安妮能为他诞下男嗣,而这是凯瑟琳做不到的。玛丽人生中最不幸的时光就此翻开了第一页,这段经历也给她带来了永远的伤痛。之后亨利开始着手于离婚的相关事宜,以迎娶安妮,而他和新欢对玛丽的态度也越来越刻薄。

尽管玛丽无法和母亲继续生活在一起,但是凯瑟琳的坚强还是给了玛丽勇气。面对国王无休止的凌辱,这对母女并没有向他低头。她们坚称凯瑟琳和亨利的婚姻有效,玛丽也是合法的。这让亨利恼怒不已,父女二人也产生了嫌隙,直到多年后,二人的关系才有所缓和。除此之外,玛丽也承受了巨大的心理压力:一方面她承受着头痛症的困扰,另一方面她的情绪也一直起伏不定。但是她的父亲对羸弱的她正遭受的痛苦却视若无睹。多年来,亨利八世的休妻进程一拖再拖,玛丽的生活也没有一点好转的迹象。一位威尼斯大使曾这样写道:"没有哪个和玛丽身份相当的人会过得这么悲惨。"

七年以来，亨利不断向教皇申请批准第一次婚姻无效，但均遭拒绝。1533年1月，亨利八世和已经怀有身孕的安妮·博林秘密成婚。不久之后，他被英国议会正式任命为英格兰教会的最高领袖。5月，国王的坎特伯里大主教托马斯·克兰默（Thomas Cranmer）正式宣布他和凯瑟琳的婚姻无效，至此，玛丽的王位继承权被正式剥夺。她和母亲拒绝接受这项声明，但是她们也无能为力。

9月7日，安妮·博林诞下一女，这让国王大失所望。这位名叫伊丽莎白的女婴对她同父异母的姐姐，也就是17岁的玛丽产生了深远的影响，她的出生也为二人动荡的关系埋下了伏笔。伊丽莎白出生不久，玛丽的家庭被拆散，她也被送往哈特菲尔德（Hatfield）与年幼的伊丽莎白及父母一起生活，并由安妮·博林的姨母，谢尔顿夫人（Lady Shelton）照看。雪上加霜的是，1534年3月23日，英国议会通过了《王位继承法》（Act of Succession），从法律上剥夺了玛丽的王位继承权和她的公主头衔。从那时起，她便被称为"玛丽小姐"（Lady Mary）。

这一段时间中，玛丽信仰的天主教给了她力量和安慰。病痛一直纠缠着她，但她还是拒绝承认安妮·博林的英格兰王后身份。对此大为不满的安妮给姨母下令：如果玛丽仍称自己为公主，就"打这个可恨的私生子耳光"，但是事情并没有发展到这一步。

对玛丽来说，更悲惨的还在后面：1536年1月7日，她的母亲逝世。悲痛欲绝的她在不久之后就病倒了。听到这个消息的安妮喜出望外，谁知乐极生悲：凯瑟琳葬礼的那天，安妮流产，而且流产的这个孩子似乎是个男孩。和凯瑟琳一样，她也没能保住存活的男嗣，而国王的耐心却已经耗尽。5月，安妮因莫须有的通奸和乱伦罪名被处死，而伊丽莎白也和姐姐一样，沦为了不合法的子嗣。

月底，国王三度结婚，这次的结婚对象是安妮的侍从女官——简·西摩尔（Jane Seymour）。但是不同于安妮的是，王后简很同情玛丽。在她的努力下，父女二人终于和解。但这也是有代价的：亨利要求玛丽承认自己英格兰教会最高领袖的身份，同时承认"根据上帝和人间的法律"，她母亲的婚姻是"乱伦且非法的"，这也相当于让玛丽承认自己的非法身份。

在西班牙大使的建议下，玛丽最终同意了。她认为自己背叛了母亲，对此一直内疚不已，不过此后她的境况马上就变好了。她再次被迎回宫廷，得到了父亲的宠爱并且很快和继母建立了密切的关系。1537年10月，王后简终于遂了亨利的凤愿，诞下一子，名为爱德华（Edward），而玛丽则被指定为他的教母。但是玛丽的再度受宠仅限于个人生活方面——亨利并没有恢复她的王位继承权。毫无疑问，玛丽动荡的童年给她留下了深刻的、难以磨灭的伤疤。不久之后，她的父亲就得到了"暴君"的称号，可以说，玛丽就是其中一个受害者。

玛丽正在用自己的"皇家触摸"治疗一位臣民的淋巴结核。人们曾相信英国君主有治愈的能力

玛丽一二

认识一下都铎王朝的其他"玛丽"

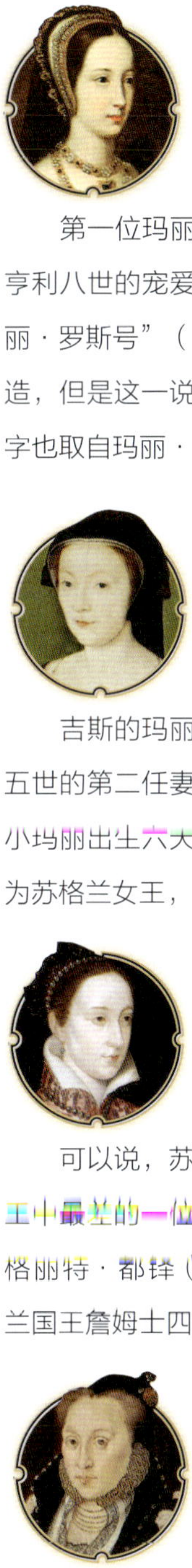

玛丽·都铎（Mary Tudor）
（1496—1533年）
身份：亨利八世（Henry VIII）的妹妹

第一位玛丽·都铎是亨利八世的妹妹，她深受亨利八世的宠爱。常有传言说亨利著名的船舰"玛丽·罗斯号"（Mary Rose）就是为了纪念她而建造，但是这一说法没有实质性证据。玛丽一世的名字也取自玛丽·都铎名字中的玛丽。

吉斯的玛丽（Mary of Guise）
（1515—1560年）
身份：苏格兰国王（执政）詹姆斯五世（James V）的王后

吉斯的玛丽出生于法国，是苏格兰国王詹姆斯五世的第二任妻子，也是苏格兰女王玛丽的母亲。小玛丽出生六天后，詹姆斯五世逝世，小玛丽随即成为苏格兰女王，由其母亲摄政。

苏格兰女王玛丽
（Mary, Queen of Scots）
（1542—1587年）
身份：苏格兰女王，玛丽的远房表侄女

可以说，苏格兰女王玛丽是所有上台执政的君王中最惨的一位。她的祖母就是亨利八世的姐姐玛格丽特·都铎（Margaret Tudor），丈夫为苏格兰国王詹姆士四世（James IV）。

玛丽·格雷（Mary Grey）
（1545—1578年）
身份：女王的表亲

玛丽·格雷是被处决的简·格雷最小的妹妹，她的名字可能是为了纪念她的表亲。玛丽一世对她和姐姐凯瑟琳颇为友好，但是两姐妹后来都未经皇室允许私自结婚，因而招致女王伊丽莎白一世的不满。

为权力而战

1547年1月28日,亨利八世逝世,他9岁的儿子爱德华六世继承王权。且不提亨利早年是如何对待玛丽的,至少在他执政的后期,玛丽的生活变得更加安稳了。她过着养尊处优的生活,在她的描述中,我们可以知道她品尝过精美的食物,喜欢衣服和珠宝,也爱好音乐。她还喜欢骑马射猎,也喜欢赌纸牌。她和多数的继母关系很好,尤其是父亲的最后一任妻子,凯瑟琳·帕尔(Katherine Parr)。除此之外,尽管她和伊丽莎白还是没有合法的身份,但是她们的父亲还是决定,如果他们同父异母的弟弟爱德华死去时膝下无子,那她们二人将再度享有王位继承权。虽然她们从小便学习新教的教义,但是她还是很喜欢自己的弟弟妹妹,也经常送他们大量礼物。

但是爱德华掌权后,玛丽的生活又变得越来越艰难,因为爱德华是一个虔诚的新教教徒,而玛丽则是天主教教徒。爱德华决心让自己统治的国家变成一个纯粹的新教国家,玛丽在父亲执政期间已经在宗教方面做过一次让步了,这次她决定绝不再次妥协。玛丽坚决反对信仰除天主教以外的其他任何宗教,违抗圣令的她因此与同父异母的兄弟彻底决裂了。1553年,爱德华逝世,死时膝下无子。但是人们却发现,他并没有遵照父亲的遗愿,而是指定同样信仰新教的堂亲简·格雷(Lady Jane Grey)为王位继承人——玛丽的权利被再一次剥夺。

> 玛丽在父亲执政期间已经在宗教方面做过一次让步了,这次她决定绝不再次妥协。

7月10日,简·格雷公开宣布成为女王。与此同时,听闻爱德华的死讯,知道他想把自己从王位继承人选中踢出的玛丽没有坐以待毙,而是逃往了英格兰东部(East Anglia),在那里成为了一个大地主并取得了很多人的支持——事后表明,这一举动非常明智。她去了要塞弗兰林格汉姆堡,开始召集自己的支持者并在数天内将他们纷纷纳入自己麾下。尽管简·格雷的岳父,诺森伯兰公爵决定镇压她,但是却并未成功。诺森伯兰的大军弃他而去,投诚玛丽。在他离开伦敦后,对人民的情绪有所察觉、并对玛丽日益增长的支持力量有所知晓的枢密院最终决定放弃简。

爱德华六世承诺要继续父亲未竟的事业,图中为他要重修他人赠与伦敦的一家医院

提亲和成婚

腓力和玛丽是如何最终走向结婚起誓圣坛的

玛丽的母亲阿拉贡女王凯瑟琳一直希望自己的女儿能够和西班牙王室联姻。玛丽自己也抱有这个愿景，但是在此之前，她和未来的夫婿腓力却素未谋面。与其他外国皇室联姻一样，他们的婚姻也需要遵从一些规程。

1. 交换画像

和外国皇室联姻时，可能很难亲眼见到未来的配偶。所以人们通常会将自己的画像寄给意中人。有的时候结果并不令人满意，最著名的例子就是玛丽的父亲和克里夫斯的安妮（Anne of Cleves）二人的婚事——他对她的画像一见倾心，但是看到真人时却打起了退堂鼓。玛丽则没有这样的顾虑，她一眼就爱上了提香（Titian）画中的腓力。

2. 达成一致

1554年，腓力的父亲，皇帝查尔斯五世的代表抵达伦敦，为敲定腓力和玛丽的婚姻做着最后的准备。这时，双方已经达成一致，腓力的权力将在女王之下，只能作为女王的配偶辅佐她处理朝政。

3. 写信送礼

一旦双方协商达成，所涉入的待嫁之人或待娶之人就会给自己的意中人写信并慷慨地给予对方礼物。玛丽给腓力送去了钻石，而腓力则给玛丽送去了闻名世界的"拉帕雷格林纳珠"（La Peregrina pearl）。

4. 结为连理

1554年7月25日，腓力和玛丽在温彻斯特大教堂举行了盛大的婚礼。婚礼用拉丁文进行。婚礼之后，这对夫妇在城中度过了10天的蜜月，其间就住在沃尔夫西宫（Wolvesey Palace）。

加来失守

英国收复欧洲大陆最后一块外邦领土的结果令人心痛

在丈夫腓力的鼓励下，1556 年 3 月，玛丽最终同意英国出兵参与西班牙与法国的战争。这次行动遭到很多人反对，并且使得英国本就有限的资源变得更加紧张。在彭布罗克（Pembroke）的厄尔（Earl of Pembroke）的带领下，英军在 1557 年与法军在圣昆汀（Saint Quentin）的交战中告捷，取得了决定性的胜利。但与此同时，1558 年新年伊始，27000 法军进攻加来，最终英军驻守的加来失守。1 月 7 日，加来沦陷，法军收复该地。

加来是英国在法国占领的最后一块土地。自 1347 年爱德华三世占领加来后，该城就一直处于英国的掌控中。加来的失守是英格兰的奇耻大辱，也造成了毁灭性的打击。亨利·马沁（Henry Machyn）在日记中就这样写道："对伦敦而言，对整个英国而言，这简直就是惊人的巨祸。"更糟糕的是，英国皇后曾试图夺回加来，但是最终失败。几个世纪以来，人们都将加来的失守直接怪罪于玛丽。但是这种观点太片面了，当时的情况也并非如此。因此玛丽不应该承担加来失守的所有罪过。

玛丽一路兵不血刃,终于迎来了 7 月 19 日。这一天,简被废黜,玛丽不负众望地加冕为女王,之后简被关进了伦敦塔。8 月 3 日,玛丽一路凯旋,进入伦敦——动荡不安的黑暗生活似乎终于结束了,她终于名正言顺地登上了王位。

玛丽女王

10 月 1 日,玛丽成功地成为英格兰首位加冕并执政的女王,为自己的成就画上了圆满的句号。女王执政并担任国家最高领袖——这在英国史上是前所未有的,因此玛丽也无前章可循。而伊丽莎白在这一点上则占有优势,因为她可以从姐姐的错误中吸取教训。但是玛丽有理由认为女人可以成功理政。她的外祖母,卡斯蒂利亚女王伊莎贝拉就是一位有这点。

玛丽加冕四天后,她的议会召开集会并通过了《第一废除法令》(First Statute of Repeal)。这部法案废除了亨利六世制定的所有宗教政策,因为玛丽决定将英格兰重新变回天主教国家,恢复教皇的权利。同时,她也得以解开多年以来的心结:曾被托马斯·克兰默宣布无效的父母的婚姻。她重新恢复了父母婚姻的效力,最终确保了自己身份的合法性。

为了进一步巩固自己的地位,1554 年 4 月,议会通过了《王权法案》(Act for Regal Power)。这部法案巩固了玛丽女王的权力,认定她的权力和之前的国王一样"彻底而绝对"——尽管性别不同,但是玛丽的权威和他们的完全一样。

尽管玛丽是英格兰女王，但是她却从来没能单独执政。自婴儿时，她就已经被指婚，人们也一直认为她会嫁到国外。在玛丽只有 6 岁时，就与堂兄，神圣罗马帝国皇帝查尔斯五世有了婚约，但这次婚事很快告吹，之后的协商也无功而返。玛丽即位后，她的婚事几乎也同时被提上她和议员的日程。他们推荐了无数候选人，其中最受欢迎的就是玛丽在英格兰的堂兄爱德华·考特尼（Edward Courtenay），但是玛丽似乎早有打算。她公布了自己的结婚人选，也就是她的表侄——西班牙的腓力。腓力是神圣罗马帝国皇帝的儿子，比玛丽小 11 岁。对于玛丽来说，腓力是个很有吸引力的人选，因为他既有西班牙血统，又与她的母亲有着家族联系。但是如果玛丽认为自己的这个决定会全票通过的话，那就未免太天真了——她过于考虑个人，忘记了政治考量。

图：刽子手手起刀落前，简·格雷一直在祈祷

腓力二世是一位强大的国王,欧洲人所知的所有大陆上都有他的领地

姐妹行动

玛丽一世与伊丽莎白一世：
两位都铎王朝的女王有多相似？

玛丽一世

伊丽莎白一世

在位时间

5年 | 45年

聪慧程度

玛丽和她同父异母的妹妹接受的都是精英教育，尽管玛丽的学术水平没有伊丽莎白高，但是她也是个聪慧过人的女人。玛丽同时代的一个人写道："……她擅长5种语言，"而且精通其中4种。

伊丽莎白因其智慧得到了众人的盛赞，她的导师们也对她刮目相看。她特别喜欢将不同的作品翻译成各种语言并将译版作为礼物赠予他人（尤其是她的父亲和凯瑟琳·帕尔），以彰显自己的水平。

受欢迎程度

在有生之年备受爱戴

诸多记载显示，玛丽上台发表宣言时，伦敦城万人空巷。但是玛丽的受欢迎程度在她死后就慢慢消退了。

如今仍受爱戴

尽管玛丽一度很受爱戴，但是在这一点上她还是无法和伊丽莎白相提并论。此外，伊丽莎白拥有姐姐没有的群众基础，也有能力留住自己子民的爱戴。

爱情

婚姻不幸

玛丽深爱着自己的丈夫——西班牙国王腓力。腓力离开英格兰后，玛丽悲伤不已。尽管这段婚姻里更多的是玛丽的单恋，但是至少二人相敬如宾。

处女女王

伊丽莎白终生未嫁，她离爱情最近的一次就是与好友罗伯特·杜德利（Robert Dudley）相遇的那次。一时谣言四起。但是伊丽莎白似乎到死都是一个"处女女王"。

军事成就

加来失守

爱德华六世去世后，玛丽在大批支持者的簇拥下顺利登基加冕。但是英格兰对法宣战后，这一成就被加来的失守蒙上了一层阴影。

打败西班牙无敌舰队（Spanish Armada）

伊丽莎白执政时期最著名的成就是在1588年打败玛丽前夫腓力派出的西班牙无敌舰队。她也因此被英国人民拥为救世主。

屠杀人数

300—380 | 200以上

玛丽不仅下令处死了简·格雷及其亲近之人，同时还下令将284名新教教徒绑在火刑柱上烧死，其中就包括宣布她父母婚姻无效的托马斯·克兰默。

尽管伊丽莎白并没有像玛丽烧死新教教徒那样烧死天主教教徒，但是她确实曾经下令将超过200人开膛破肚。1587年，她曾下令处死另一位选定的继承人，苏格兰女王玛丽——这也是世人熟知的一次杀戮。

前坎特伯雷大主教托马斯·克兰默曾六次公开宣布放弃自己的信仰。尽管如此,玛丽还是坚持要对他使用火刑。

玛丽对新教教徒的处刑使得她在我们印象中的历史形象变得鲜明生动起来

玛丽自豪地展示腓力赠送的礼物——拉帕雷格林纳珠。

叛乱、死亡和囚禁

英格兰并不赞同与西班牙王室的婚姻，但是女王全然不顾臣民的顾虑。腓力不仅是一个天主教徒，还是一个外国人——英格兰人并不信任外国人，而且他们很担心腓力会把英格兰拉入西班牙战争中。玛丽不知道的是，国内已经有人决意反对这段婚姻，一个将检验玛丽臣民的忠诚度甚至让她之前所有的努力付诸东流的阴谋正酝酿着。

在肯特州的（Kentish）绅士托马斯·怀亚特爵士（Sir Thomas Wyatt）的领导下，人们正在策划一起叛乱，意图阻止玛丽与腓力的婚姻并废黜玛丽。计划一旦成功，她同父异母的妹妹、新教徒伊丽莎白将会替代她——几乎可以肯定的是，伊丽莎白事先对这场叛乱多少是知情的。更重要的是，这场叛乱还有一个关键的策划者，那就是萨福克（Suffolk）公爵——简·格雷之父亨利·格雷（Henry Grey）。自玛丽登基以来，他就一直被关押在伦敦塔内。在知道这场叛乱的存在后，玛丽亲自出马，在伦敦的同业公会会馆前，在自己的臣民面前，恳求大家团结一心，抵御叛徒怀亚特及其随从的侵犯，恳求他们忠诚于自己建立的政权。她的动员掷地有声，取得了预期的效果：玛丽的臣民表示要与女王同在。最终，这场叛乱最终以失败告终，怀亚特及其随从被捕，玛丽再一次取得了胜利。

怀亚特叛乱的失败给简·格雷带来了毁灭性的打击，而她父亲的参与更是给她的命运盖棺定论。玛丽出于无奈，只能在顾问的持续加压下违心下令处死简。对此感到痛苦不已的玛丽试图找到其他处置方式，但是却并没有找到，只能在1554年2月12日眼睁睁地看着17岁的简被处死。

简并不是怀亚特叛国行为的唯一受害者。不久之后，玛丽的手下敲开了伊丽莎白的门，要把她带至伦敦，弄清楚她在这场叛乱中的身份。到达首都伦敦后，伊丽莎白以身体抱恙为由，恳求将她轿子的帘掀开，这样一来，城中的居民就能亲眼看见她有多么悲惨。

她一袭白衣，和侍卫们血红的制服形成了鲜明的对比。这是很聪明的一步棋，伊丽莎白这么做的目的就是为了博取民众的同情，这一招也奏效了——这也正是玛丽女王希望避免的招数。伊丽莎白被带到了白厅（Whitehall）问话，而证据对她也十分不利。玛丽坚信伊丽莎白参与了这场叛乱，她希望伊丽莎白在伦敦塔关押一段时间以后就不再会坚持辩称自己是无辜的了。尽管伊丽莎白辩称自己是玛丽"最忠实的臣民"，但是玛丽并不为所动。3月，她就将同父异母的妹妹投入监狱。但是由于缺乏证据，同年5月，玛丽被迫释放伊丽莎白。不过事情并没有就此结束，伊丽莎白被送往伍德斯托克（Woodstock）幽禁起来，这次的幽禁持续了将近1年。此后，玛丽再也没有相信过伊丽莎白，而且始终对她有所怀疑。

怀亚特的叛乱并没有阻止玛丽的结婚计划。1554年7月，腓力来到英格兰。同月，二人在曼彻斯特教堂举行了盛大的婚礼。对于玛丽而言，这场婚姻满足了她所有的愿望，她也陷入了爱河。但是，这只是玛丽的一厢情愿。虽然腓力对她相敬如宾，但是这场婚姻终究还是政治联姻。秋天，玛丽认定自己怀孕并自豪地宣布了这个喜讯。但是，虽然玛丽表现出了很多怀孕的症状，但是直到1555年6月人们才发现她根本没有怀孕，而玛丽也被迫承认这个事实。之后她还有过一次假孕，这两次的假孕让她生下一个继承她王位的天主教王储的希望全部破灭。更糟糕的事，她深爱的腓力在这两次假孕中都背弃了她，并于1557年永远地离开了英格兰，只留下她孤身一人。

火烧新教徒

玛丽上台后随即开始着手恢复之前的宗教，不久之后人们就开始明白信仰新教已经不是一个安全的选择了。很多人逃往国外以躲避迫害，但是对于有些人来说出逃就不在他们的选择之列，而他们中的很多人也为自己的宗教信仰付出了生命的代价。

1555年2月，玛丽上台后开始火烧第一批新教徒：此次遭遇火刑的新教徒共有284人，其中有56名女性。伊丽莎白上台后，史学家威廉·卡姆登（William Camden）写道："玛丽执政时期饱受诟病，因为她手下的主教们野蛮残暴。他们将新教徒们活活烧死，制造了一场人间悲剧，污染了英格兰的每一寸土地。"有趣的是，卡姆登并没有将这种残暴的行为直接归咎于玛丽，而是归咎于她的顾问们。

不过，玛丽的名誉也的确受损了，这主要是拜殉道史学家约翰·福克斯（John Foxe）所赐。他的著作《殉道言行录和伟业》（Acts And Monuments）重点描写了这些受害者的痛苦遭遇，并且成为了继《圣经》之后阅读人数最多的英语著作，而玛丽的名声也是因为这部作品受损的。火刑是都铎王朝使用频率最少的一种刑罚，这类刑法的主要目的也是为了震慑人民，迫使他们归顺。在某些情况下这种刑罚行之有效：前坎特伯雷大主教托马斯·克兰默曾六次公开宣布放弃自己的信仰。尽管如此，玛丽还是坚持要对他使用火刑。早年时期克兰默给她造成的痛苦至今让她耿耿于怀，但是他的死亡却是玛丽最大的错误之一。如果玛丽赦免了克兰默，那么他放弃信仰的行为将会对她的新政权起到很好的宣传作用。但是克兰默却于1556年3月21日被施以火刑，成为了一个殉道者。

死亡和遗产

到了1558年11月，玛丽已经一病不起。此刻她的丈夫身在远方，她的身边没有子嗣陪伴，自己也与同父异母的妹妹疏远。尽管玛丽没有开口说出伊丽莎白的名字，但是她还是默认了25岁的伊丽莎白将会接替她成为新一任的女王。11月17日，玛丽在圣詹姆士宫（Saint Jame's Palace）中逝世。伊丽莎白即位时，人们热情的高涨程度不亚于5年前玛丽即位之时。

毫无疑问，玛丽犯了错，尤其是在囚禁伊丽莎白和烧死克兰默这两件事上，但是她也有自己的闪光点。从童年开始，她的人生就变得荆棘密布，但是她都挺了过来，并且多次在与敌人的交锋中最终锁定胜局。这位女王强调了自己作为国家首位女性最高领袖的权威。虽然她的统治无前例可循，但是伊丽莎白却可以从玛丽的错误中吸取教训。如果没有福克斯的《殉道言行录和伟业》，那玛丽也不会得到"血腥玛丽"的别名，而是很有可能可以博得更多的同情。

1553 年：三大继承人分立之年
亨利八世的继承人及其夺权执政

1553 年初，爱德华六世病重不起。这位 15 岁的国王并未婚娶，膝下也没有子嗣，朝臣开始考虑王位继承的相关事宜。根据已故国王亨利八世的遗嘱，如果爱德华死时没有任何子嗣，那么亨利长女玛丽及其子嗣就是王位的第一顺位继承人，幺女伊丽莎白及其子嗣将成为第二顺位继承人。英国议会也通过了亨利的这项遗嘱。但是亨利的两个女儿此前都被判为私生女，她们的合法性也没有被恢复。除此之外，爱德华执意要选定一个新教教徒继承人，而这一点就将玛丽从继承人选中剔除了。

爱德华知道，这两个同父异母的姐妹要么同时留下，要么就只能同时踢出继承人选名单。于是，他出具了一份特别文件《我对王位继承的建议》(My Pevise For The Succession)，意图同时剥夺玛丽和伊丽莎白两人的王位继承权。在这份文件中，爱德华指定自己的远方表亲，新教教徒简·格雷为自己的继承人。此前亨利八世已经在遗嘱中写明，如果他的儿子死时未留下男性血脉，简·格雷就成为王位第三顺位继承人，但是爱德华大笔一挥，将简提到了第一顺位。不过爱德华并没有等到《我对王位继承的建议》文件通过。直到 1553 年 7 月 6 日他逝世的那天，这份文件仍不具有合法性。

喜好杀戮的君王

丹麦国王克里斯蒂安二世
（Christian II）

玛丽一世

法国国王查尔斯九世
（Charles IX）

在位时期：
1513—1523 年

1520 年，克里斯蒂安侵略瑞典，随后他背弃了大赦天下的许诺，下令处死了 80 至 90 个瑞典贵族。这一暴行就是后世所知的"血洗斯德哥尔摩"（Stockholm Bloodbath）。之后克里斯蒂安被废黜。

在位时期：
1553—1558 年

据估计，玛丽手下的冤魂不仅包括 284 名被烧死在火刑柱上的新教徒，还包括简·格雷及其支持者，以及很多参与怀亚特叛乱的人。尽管她也被称为"血腥玛丽"，但是她绝不像其他君主一样残酷无情。

在位时期：
1560—1574 年

查尔斯执政期间，主导了巴塞洛谬节大屠杀，大肆屠杀了法国胡格诺派教徒。尽管人们统计的死亡人数各有不同，查尔斯也并没有亲自杀死某一个人，但是他确实下令杀害了其中的首领，直接导致大屠杀的开始。

丧生人数估计：
80—90

丧生人数估计：
300—380

丧生人数估计：
2000—30000

摩洛哥国王——"嗜血"的伊斯迈尔（Ismail "The Bloodthirsty"）

在位时期：
1672—1727 年

伊斯迈尔又被称为"尚战之王"（Warrior King），他以折磨和处死敌人闻名。他曾经将 10000 名敌人斩首，并将他们的首级放在菲斯（Fez）的城门上示众，作为对民众的警告。

恐怖的伊万（Ivan The Terrible）

在位时期：
1547—1584 年

伊万只承认自己于在位期间杀害了 3750 人，但是实际情况要糟糕得多。他在统治沙俄期间六亲不认，甚至杀掉了自己的儿子。童年时期他就开始虐待动物，成年后更是杀害了大批臣民。

亨利八世

在位时期：
1509—1547 年

亨利八世在位期间杀害的人数明显被夸大了，但是这位国王确实曾经下令杀害了身边的许多人，包括他的两任妻子。

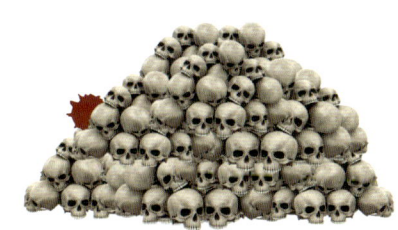

丧生人数估计：
30000

丧生人数估计：
60000

丧生人数估计：
57000—72000

13位历史留名的王室情妇

野心勃勃的美女、娼妓和出卖色相的女人

当一位君主宣誓继位时，他继承的不仅仅是皇位，还有随之而来的所有占有物，比如说宫殿、金银财宝和奴仆，等等。除此之外，这位君主常常还能有其他的收获，比如，情人。很多情况下，一位君主可以拥有不止一位情人，被选中侍寝的女人们其原因不一而足，但一定是达到了君主渴慕的某项标准。满足君王的生理需要仅仅是一部分，此外，她们还通常需要具备取悦君王、陪伴其左右的能力。

这些情妇通常会吸引整个王室和朝臣的注意，激发包括君王在内的各路人马的好奇。她们中有些人会尽力回避这种关注，不会以任何方式来讨好别人，但是大多数人则非常享受这种瞩目，会在公共场合尽力展示自己。此外，情妇们惯会利用自己的优势地位来为自己和家人朋友谋得更多利益。如果她们深得君心，获得的回报很可能是极为丰富，甚至是终生受益的。

很多情妇的影响力甚至要远超宠幸他们的君王，她们追求的很可能不止是自我价值的实现，甚至是对朝政的把控。而这常常会在朝堂之上以及女人内部引发钩心斗角的混战，为了削弱某位情妇对君王的控制，其他候选者会被送入宫中，试图吸引君主的注意力。不论你喜欢与否、接受与否，纵观历史，情妇和国王、王后一样，都是重要的谈资。下面就介绍其中最为著名的一些人物和她们的故事。

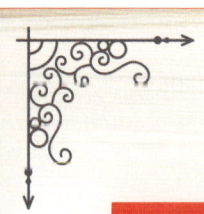

埃莉诺·德·古斯曼（Eleanor de Guzman）

恋人：卡斯提尔（Castile）古国阿方索十一世（Alfonso XI）
做情妇的时间：1328 至 1350 年

1328 年，阿方索在塞维利亚（Seville）遇见了美丽的埃莉诺，尽管当时已经娶了葡萄牙的玛利亚公主（Maria）为妻，阿方索仍毫不犹豫地让埃莉诺做了自己的情妇。1334 年，他更是抛下玛利亚，公然和埃莉诺在一起，这对玛利亚来说无疑是更大的羞辱。然而，1350 年，随着阿方索驾崩，所有的宠幸都化为了往日云烟，复仇的机会来了：玛利亚皇后下令判处埃莉诺监禁，并于 1351 年执行死刑。然而，埃莉诺和阿方索的儿子亨利（Henry）最终推翻了玛利亚之子彼得（Peter）的统治，成为了卡斯提尔的下一代君王。

国王从塞维利亚带回了一位美人
于是事情开始向着糟糕的方向发展
当皇后执掌大权时
她变得如此恶毒而残忍
但是最终王位还是落入情妇之子手中

爱丽丝·佩勒斯（Alice Perrers）

情人：英国爱德华三世（Edward III）
做情妇的时间：1364 至 1377 年

在服侍皇后菲利帕（Philippa）期间，爱丽丝成功地吸引了爱德华三世的注意。

然而，他们的关系直到 1369 年菲利帕逝世时才得以公开。作为一名情妇，爱丽丝可以说是非常贪婪了，她利用"职位"之便疯狂敛财，无论是爱德华赐给她的礼物还是那些期望借助她和国王亲近的人进贡的物品，她都欣然接受。自然，她也非常不受人欢迎，据说，在爱德华奄奄一息之际，她还偷偷地摘掉了他手上的戒指。爱德华死后，爱丽丝被驱逐出了王室，不复往日的风光。

曾经有一位侍女
扬言"将侍奉君王到老"
当她的情人将死之际
她却摘掉了他佩戴的戒指

艾格尼丝·索雷尔（Agnes Sorel）

法国国王查尔斯七世（Charles VII）
做情妇的时间：1444年至1450年

传说艾格尼丝长相极美，为了保有君王的宠幸，她付出了毕生的努力。她是历史上首位曝光的王室情妇，为了衬托她的身份地位，查尔斯七世赐给了她数不尽的荣华富贵。尽管她对待皇后玛丽毕恭毕敬，君王的宠幸仍为她招致了许多忌妒。她死于1450年，最近的科学研究表明，她极有可能是被毒死的。

她曾以为幸运会始终眷顾自己
以为可以永保法国于室情妇的地位
但是美丽和财富
买不来健康
死亡是浪漫的终结者

玛丽·博林（Mary Boleyn）

情人：英国亨利八世（Henry VIII）
做情妇的时间：公元 1522 年至 1524/25 年

作为臭名昭著的亨利八世的情人，玛丽也是亨利第二任妻子安妮·博林（Anne Boleyn）的长姐。然而，她和亨利八世的恋情早在她的妹妹嫁给亨利之前就开始了。即便如此，当二人坠入爱河的时候，亨利已经娶了阿拉贡的凯瑟琳（Katherine）为妻了，而玛丽却于 1520 年就嫁给了威廉·凯里（William Carey）。尽管玛丽从和亨利八世的恋情中没有收获什么物质利益，她的丈夫却得到了许多的殊荣。亨利与玛丽的恋情进展得很秘密，唯一一次公开亮相是在公元前 1535 年，那一年，亨利被指控和安妮·博林的母亲和姐姐都有着不当关系。"我从来没引诱过安妮·博林的母亲。"他斩钉截铁地回答道。即便如此，亨利很有可能是玛丽大女儿凯瑟琳的父亲。1543 年，玛丽神秘地死去了。

玛丽在玩火自焚
和她亲爱的妹妹安妮一样
落入了都铎王朝建立者的甜蜜陷阱中

沃利斯·辛普森（Wallis Simpson）

情人：爱德华八世
做情妇的时间：1934 至 1972 年

作为一名经营惨淡的生意人之女，沃利斯的人生很好地诠释了"白手起家"四个字。1931 年 1 月 10 日，在莫布雷（Mowbray）麦尔登（Melton）弗内斯勋爵（Lady Furness）女士家里，沃利斯遇到了日后会成为自己第三任丈夫的那个男人：威尔士亲王爱德华。1934 年，爱德华彻底迷上了沃利斯，尽管身为王位继承人，尽管沃利斯已经改嫁过一次，爱德华依然决定娶沃利斯为妻。爱德华对沃利斯的爱始终未曾消减过，直到 1936 年 1 月 20 日他继承皇位，成了爱德华八世。彼时，他们的恋情早已为世人所知，只是其中存在着一个巨大障碍：沃利斯还在办理和第二任丈夫欧内斯特·辛普森（Ernest Simpson）的离婚手续，所有的一切都成了一桩丑闻。在迎娶沃利斯和留住王位之间，爱德华选择了沃利斯——即使这意味着要放弃王位。然而，沃利斯却坚持认为爱德华不应该放弃王位，因此，她尽一切可能劝说他守住皇位。但是，他对沃利斯的爱超过了他对家族的使命感，1936 年 12 月 11 日，爱德华八世宣布将王位让给弟弟，乔治六世。爱德华成为温莎伯爵，在沃利斯离婚后，二人在都兰（Touraine）举办了婚礼。婚后，温莎夫妇二人在国外度过了余生，尽管已经是合法夫妻了，他们仍然被皇室成员拒之门外，英国皇室拒不承认二人的关系。

曾是旁人之妻的她
改变了国王的一生
他们说："你是否可以把她留在身后？"
而他却转过身留下了整个国家

芭芭拉·布隆贝格（Barbara Blomberg）

情人：神圣罗马帝国的查尔斯五世
做情妇的时间：1546年

作为一名出身于立迪斯本（Ratisbon）家族、以唱歌为生的人，芭芭拉和查尔斯五世的爱情十分短命。从她为查尔斯五世唱歌的那一刻起，她的命运就和这位欧洲最有权势的君王开始了纠葛。他的妻子，葡萄牙伊莎贝拉（Isabella）公主溘然长逝之后，查尔斯再未续弦，整日流连于情妇的衣裙间借酒浇愁。尽管芭芭拉并没有对查尔斯五世行使过任何权力，他们的关系也不过是一时的缠绵放纵，芭芭拉依然怀孕了。1547年2月，她诞下了一个男孩，取名叫做奥地利（Austria），整个生产过程非常顺利，一气呵成。然而，查尔斯五世却认为这个孩子应该被送去西班牙抚养，而芭芭拉又嫁给了耶罗尼米斯·凯格尔（Hieronymus Kegel）。婚后她又生了三个孩子，这期间查理五世仅仅在1576年看过儿子奥地利一次。儿子约翰（John）是她最大的安慰，在1571年勒班陀战役（Battle of Lepanto）中，约翰与其同父异母的哥哥菲利普二世（Philip II）一样，取得了不菲的战绩。

芭芭拉因一支歌俘虏了一位君王
然而事情的发展总是不尽如人意
她给他生了一个儿子
在感到由衷的快乐的时候
他却决定让她离开

卡琳·曼斯多特（Karin Mansdotter）

情人：瑞典埃里克十四世（Eric XIV）
做情妇的时间：1565 年至 1577 年

作为在朝堂上公然以国王情妇身份出现的女人，卡琳得到了一位情妇所能够期盼的一切：名贵的服饰，极尽豪华的寝宫以及数不尽的用人。埃里克十四世情妇众多，但最喜欢的还是卡琳，以至于后者成了他唯一公开承认的情妇。1567 年，埃里克秘密地娶了卡琳。一年之后，他又举办了一场公开的婚礼，由此，卡琳便成了瑞典皇后。然而埃里克的精神状态不是特别稳定，在他们举办婚礼后不久，埃里克就被他的亲兄弟推下了皇位，亲属一概被投进了监狱。卡琳一开始是被允许和她的丈夫待在一起的，但是随着两个孩子的降生，她不得不和埃里克分开。随后她被流放到了芬兰，在那里过着被囚禁的生活。1577 年埃里克过世后，卡琳以王室成员的身份度过了余生。

他们举办了两次婚礼
他对她的爱何其真挚
没有人不明了
但是生活毕竟不是童话
故事的最后她孤单地流亡在芬兰

内尔·格温（Nell Gwynn）

情人：英国查尔斯二世
做情妇的时间：1668年至1685年

成为查尔斯二世的情妇改变了内尔的一生。在查尔斯二世的所有情妇中，内尔出身卑微，早年曾卖过橘子、做过演员，机缘巧合之下才得到了国王的宠幸。查尔斯也不是她的第一个情人，她先前和查尔斯·哈特（Charles Hart）以及查尔斯·萨克维尔（Charles Sackville）都有过难以言说的故事。内尔惯会讨好人，凭借智慧和幽默感成功地赢得了查尔斯二世的心。人们称她为"聪明又漂亮的内尔"。

她对查尔斯二世忠贞不二，作为奖励，查尔斯赐给了她蓓尔美尔街上的一处连栋房屋，待遇优渥。然而，和其他的王室情妇不同，内尔没有任何名分。即便如此，她仍然过着十分奢靡的生活，给查尔斯生了两个儿子，其中一个后来成为了圣奥尔本斯公爵（Duke of St. Albans）。伯内特大主教（Bishop Burnet）在查尔斯的葬礼上公布了这位君王生前的遗嘱，让继任者"不要饿着我可怜的内尔"。

内尔曾经靠演戏为生
而她最耀眼的时刻莫过于陪伴在国王身边
然而她既没有名分也没有财富
不过是华丽笼子中一只卖笑的鸟

玛丽·汉密尔顿（Mary Hamilton）

情人：沙皇俄国彼得大帝（Peter the Great）
做情妇的时间：1713 至 1717 年

玛丽出生于苏格兰，1713 年移居到了沙俄，成为了女皇叶卡捷琳娜（Empress Catherine）的一名侍女。正是在服侍女皇的这段期间，她吸引了彼得大帝的目光，但是他们的爱情却注定要戏剧性地收场。彼得大帝不是玛丽唯一的恋人，她同时还和伊万·米哈伊洛维奇·奥尔洛夫（Ivan Mikhailovich Orlov）有染。然而，当她得知伊万和彼得的情妇阿芙多姬娅·切尼谢娃（Avdotya Chernysheva）是情人关系时，她崩溃了。为了重新赢回伊万的心，玛丽将她从彼得那里偷来的许多价值连城的礼物送给了伊万。由于在 1717 年彻查其住处时发现了几件皇后叶卡捷琳娜的东西，玛丽锒铛入狱。更糟糕的是，她不但堕过胎，甚至还曾亲手溺死了自己的孩子。1718 年 11 月，玛丽由于犯有盗窃罪、堕胎罪和杀婴罪而被彼得大帝判处死刑。1719 年 3 月 14 日，玛丽被斩首示众。当她的头颅被利剑割掉后，彼得当众拾起了它，吻了一下后重重地扔到了地上。

玛丽的行为何其大胆
居然想要去戏耍沙皇
她的人生充满谎言
罪孽深重的她
终落得头颅和身体分家

汉丽埃塔·霍华德（Henrietta Howard）

情人：英国乔治二世
做情妇的时间：1723年至1734年

为了勾引未来的英国君主乔治一世（George I），汉丽埃塔来到了汉诺威（Hanover）。在那里，她邂逅了乔治一世的儿子——未来的乔治二世并打得火热。彼时，乔治二世正协同妻子安斯巴赫（Ansbach）国的卡洛琳（Caroline）前往英国继承父亲的皇位，而汉丽埃塔刚刚取得卡洛琳宫中侍女的身份，她的丈夫也在宫廷里谋得了一职。很快，汉丽埃塔便由于聪明才智为人所熟知和称赞。尽管乔治深爱着妻子卡洛琳，他仍然觉得自己应该找个情妇，于是便在获得了卡洛琳的全权认可和支持下敲定了汉丽埃塔。和其他王室情妇不同，汉丽埃塔行事低调，对权势也没有什么渴望。她继续在王后卡洛琳的寝宫内服侍，由于表现优异获得了更高的薪水，并从性格暴虐的丈夫的魔爪下被拯救了出来。若说有什么物证可以象征汉丽埃塔和乔治二世的"婚外恋"，那便是位于特威克纳姆（Twickenam）的大理石山别墅（Marble Hill House）。

她的忠心日月可鉴
承蒙皇后恩典
她不曾给自己树敌
故而才能平静地度过一生

黛安·德·普瓦蒂埃（Diane de Poitiers）

情人：法国亨利二世
做情妇的时间：1534 年至 1559 年

亨利和黛安的恋情在亨利青年时代就开始萌芽。随着年纪的增长，他对出挑得越发美丽而聪慧的黛安感情越发深厚，直到死去的那一刻，他仍爱着她。1533 年，亨利被迫迎娶了凯瑟琳·德·梅迪奇（Catherine de Medici），一个他毫无兴趣的女人。而黛安鼓励他多去临幸凯瑟琳，以诞下男性继承人，尽管从私人角度来看，这桩婚姻不甚成功，从子嗣角度而言却是相当成功的——他们有了十个孩子。黛安对亨利的影响很大，对于情妇身份所带来的种种特权，她个人也感到非常满足。她被称为埃唐普公爵，名下拥有好几处皇室庄园，但是却招致了凯瑟琳王后的怨恨。1559 年，在一场长矛比武中，亨利意外身亡，凯瑟琳复仇的机会来了。黛安的权势轰然倒塌，余生不得不远离朝堂、默默度过余生。

黛安何其胸怀坦荡
当她发现亨利需要继承人时
毅然决然让他去陪伴他讨厌的妻子

利利·兰特里（Lillie Langtree）

情人：爱德华七世
做情妇的时间：1877年至1880年

作为一名美女和成功的演员，利利很快便吸引了爱德华的目光。在1877年5月24日的晚宴上，爱德华被安排坐在利利旁边，一段痴恋由此展开。彼时的爱德华是威尔士王子，同时也是6个孩子的父亲。而利利也已经嫁给了爱德华·兰特里（Edward Langtry），和爱德华的暧昧也不是她第一次婚外恋了。爱德华对这个情妇非常慷慨，在她身上花了重金，甚至还在伯恩茅斯（Bournemouth）建造了一间豪宅给她。利利甚至获得了爱德华的妻子亚历山德拉的认可。

然而，随着法国舞台剧和电影演员萨拉·贝恩哈特（Sarah Bernhardt）走进爱德华的世界，利利失宠了，但是她仍然和爱德华维持着友好的关系。利利也很快走出了和爱德华的恋情，开始和其他人纠缠不清。她怀了来自巴腾堡（Battenberg）的路易斯王子（Prince Louis）的孩子，顺利诞下了一名女婴。而她和丈夫的关系也走到了尽头，二人最终以离婚收场。1899年，权衡利弊之后，她嫁给了雨果·杰拉尔德·德·巴思（Hugo Gerald de Bathe）。1929年，利利去世，被葬在了泽西（Jersey）。

利利的人生因爱德华充满欢乐
两人在海边筑起爱巢
却最终无疾而终
伤心的利利投向了他国王子的怀抱

德·蓬皮杜夫人（Madame de Pompadour）

情人：法国路易十五（Louis XV）
做情妇的时间：1745年至1764年

作为路易十五公开承认的情妇，蓬皮杜成为了18世纪的法国最有权势的女人之一。她的朋友把她介绍给王室成员后不久，路易十五就在一场假面舞会上注意到了她。很快，蓬皮杜就开始侍寝，并成为了他最喜欢的情妇。路易十五将凡尔赛宫的一间豪华寝宫赠予了她，时不时会经由一处秘密的楼梯与她相会。他甚至以凡尔赛宫为原型建造了一座小特里亚农宫（Petit Trianon）送给蓬皮杜，只为了她能够安静地歇息。让人不安的是，蓬皮杜还成为了路易十五的谏臣，尽管他们的恋情于18世纪50年代终结，她对路易十五的影响却持续了一辈子。她甚至亲自为路易十五"替补"情妇，以保证她们对自己不构成威胁。蓬皮杜的品位不俗，在她的赞助下，塞夫勒（Sevres）瓷器工厂得以修建。1764年4月15日，蓬皮杜——路易十五的前任情人和朋友，死于肺结核，对此，路易十五感到异常悲伤。

他们相识于一场舞会
他的每一个要求她都应允
她对法国艺术的发展做出了卓越贡献
当她最终入土为安时 他的心也沉入了谷底

做王室情妇的风险和收益：

好处

奢侈的礼物
礼物有各种各样的形式，馈赠礼物的人也是不一而足：上至君王，下至那些贿赂情妇以期待她们替自己在君王面前美言的人。珠宝和金银是最流行的礼物。

显赫的头衔
如果某位情妇获得了恩宠，国王很可能会赐给她头衔。譬如，查尔斯二世的情人芭芭拉·维勒斯（Barbara Villiers）和路易斯·德·克罗艾里（Louise de Kerouaille）就被分别封了克利夫兰（Cleveland）和朴茨茅斯公爵夫人。

全新的住所
帝王恩宠的终极象征便是一所全新的房屋。比利时利奥波德二世（Leopold II）就赐给了他的情妇卡洛琳·拉克鲁瓦（Caroline Lacroix）位于法国里维埃拉（Riviera）的一座豪宅供其享用。

坏处

变化无常的命运
从成为情妇的那一刻起，她便如临深渊，时刻面对着被竞争对手替代的威胁。一旦君王感到厌倦了，她就随时有可能被抛弃。

性病
一位君王通常拥有不止一位情妇，情妇也可能同时和好几个人滥交。这就意味着她们极有可能患上性病。据野史记载，查尔斯二世的情妇露西·沃尔特就是因性病于1658年死掉的。

死亡
很多怀孕了的情妇在生孩子时会不幸死掉。如果她触怒了君王，甚至背叛了君王，结果也常常是致命的。

神秘人物篇

探索隐晦而神秘人物其超自然行为背后的秘密

- **141** 探秘沙皇俄国"妖僧"拉斯普京变态的内心

- **159** 约翰·迪伊（John Dee）
  神秘学家，数学家，哲学家或间谍：跨越魔法和科学鸿沟的男人背后的秘密。

- **165** 诺斯特拉德玛斯（Nostradamus）
  有史以来最臭名昭著的神使之———诺斯特拉德玛斯到底是神授的先知还是一个骗子？

- **170** 炼金术士的秘密
  中世纪的炼金术士尝试找到炼金和长生不老的古方，虽然均未能如愿，但现代科学的发展在很大程度上要归功于他们的技术。

- **182** 真实的德古拉——刺穿者弗拉德
  这个中世纪的军阀到底是一个嗜血的变态还是欧洲的救世主？

- **192** 维多利亚时代的死亡崇拜

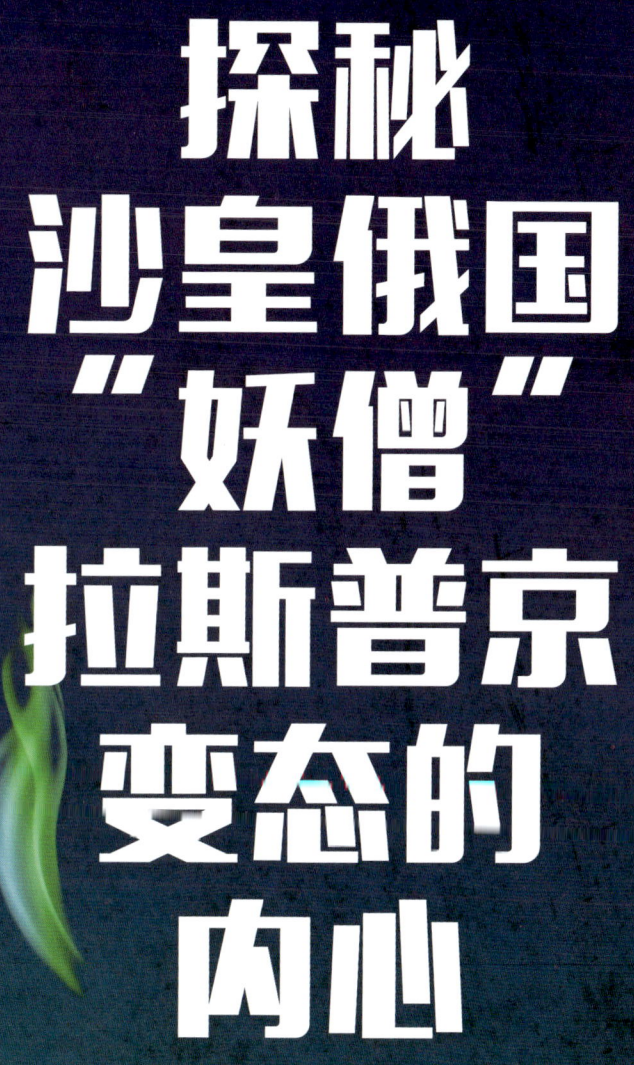

探秘沙皇俄国"妖僧"拉斯普京变态的内心

- 他如何一步步骗取沙俄皇室的信任
- 大厦将倾中的拉斯普京
- 令人毛骨悚然的谋杀

长久以来,俄罗斯人都把拉斯普京视为"淫逸放荡"的代名词——这可以说是对他的一生最为精准的概括。拉斯普京是臭名昭著的性变态者、强奸犯和"妖僧",他将俄国皇室玩弄于股掌之间,在女沙皇的耳边进谗言。然而,"拉斯普京"一词的含义并不是淫逸放荡,它指的是"两条河流交汇的地方",即他出生的那个地方。

和他的名字一样,真实的拉斯普京的生平已不可考,我们对他的印象更多来源于讽刺漫画:漫画中的他蓄着长长的、凌乱的胡子,而比起他满口令人作呕的牙齿,更加令人胆寒的是他的疯狂行径。然而他又是一位慈爱的父亲、备受尊敬的神职人员和爱美之人。正是由于这种双面性,时至今日,人们依然乐于探讨品评他。他究竟是使得皇朝覆灭的千古罪人,还是一个所作所为皆出于正义和良知的蒙冤多年的历史牺牲品?

即便在西伯利亚人看来,波克罗夫斯科耶村(Pokrovskoye)也是一处弹丸之地。它更像是广袤的西西伯利亚平原上的一处偏僻而零散的人烟聚集地。全村只有200户人家,总人口不超过1000,没有人会把这片荒凉的土地与日后那个被全体俄国人民惧怕、憎恶的人联系起来。但是,我们的主人公格里高利·拉斯普京却正是在这个冷清寂静的小村庄发迹的。拉斯普京(Grigori Rasputin)在家里九个孩子中排行第五,自幼时起,他便和身边的环境格格不入。上学?不存在的,没有哪个学校愿意接收他,于是他开始了纵情声色犬马的生活。小村人民平素往来密切,然而对这个另类男孩纷纷提防,即便是他的家人也和他有着深深的隔膜。繁重的农活让拉斯普京备感空虚无聊,他由此开始了"做贼"的一生——偷马、偷栅栏,无所不偷,借此为烦闷的生活增添一丝快乐。

拉斯普京绝非傻瓜:他之所以选择了罪恶的人生,并非由于他缺乏现世的生存能力,而是因为他感到自己的人生似乎缺少了什么东西。他娶了老婆,生了孩子,可仍不时地为令人窒息的空虚感所困扰。二十岁这一年,在扩建后的韦尔霍图里耶僧院(Verkhoturye Monastery),拉斯普京终于寻到了真我——没人知道这究竟是上天的眷顾,还是另一种形式的惩罚。正是在这里,他结识了那位深居密林、穷困潦倒的马卡里长老(Starets Makary)。随着交往的深入,拉斯普京慢慢地从一名叛逆少年蜕变为笃信神灵之人。他戒掉了烟酒,不再食荤腥。当他再次回到波克罗夫斯科耶村时,他彻底和往昔那个叛逆分子说了再见,摇身一变成了一名狂热的宗教信徒。

改变拉斯普京的是马卡里,而不是那所僧院。他不但控诉韦尔霍图里耶僧院是"卖淫"之所——此处他可能指的是同性之爱,随后还断言僧侣生活并不适合他,"那里充斥着人性的暴力。"拉斯普京笃信自己只有通过周游世界才能亲吻上帝之足,从而得到救赎。纵观拉斯普京的一生,他从不肯无所事事地呆坐某地,也决不曾向任何所谓权威卑躬屈膝,或是盲目地服从任何指令,由此我们也不难理解他为何如此憎恶在冰冷的石头屋里过着被奴役的生活。小的舞台无法让他施展才华,做幕后英雄也不是其心之所向。他不羁的灵魂让他对广袤世界充满了好奇,而他一生的行为也正是为了探索生命中所有的未知。

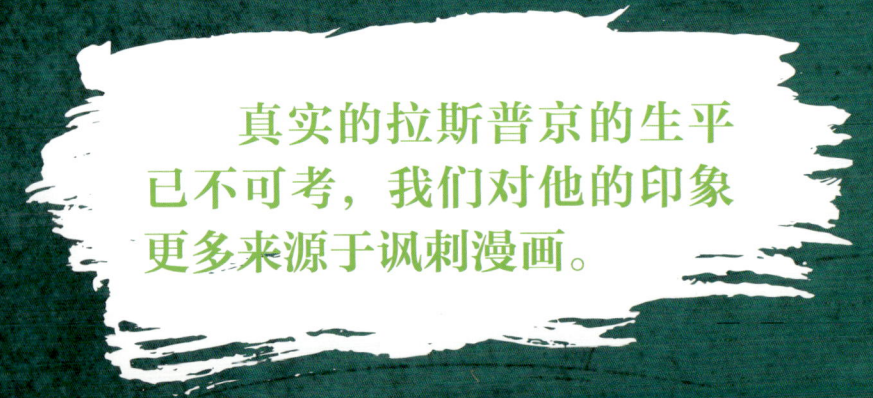

真实的拉斯普京的生平已不可考,我们对他的印象更多来源于讽刺漫画。

拉斯普京受到了社会各阶层人士的追捧：照片中的人都是他的崇拜者

收拾好行囊并向家人告别后，拉斯普京便踏上了神秘而奇异的漂泊之旅。我们无法确切知道这一阶段拉斯普京究竟游历了哪些地方、最远曾到过哪里，但他很有可能曾跋山涉水去位于东正教中心的阿索斯山（Mount Athos）。他一度数年未曾归家，以至他的妻儿都无法辨认出他的面目。即便是在这样艰难的漂泊生活中，拉斯普京仍片刻都未曾放弃规划自己独特的人生。他讨厌墨守成规，喜欢以自己的方式做事情。比如，他不穿传统的服装，常年就穿同一件衬衫。他发迹于乡野，性格叛逆而刚愎，但同时又善于思考、富有主见，并且异常开明。

在多年的漂泊生涯中，拉斯普京遇到了形形色色的、不同社会阶层的人，上至达官贵族，下至乡野村夫。他不但学会了如何有力地表达自己的想法，也发掘并磨炼了自己读懂人心的能力。后世很多人在回忆录和其他文章中都言及拉斯普京拥有独特的魅力和号召力。他能够非常迅速地读懂他人心中所想，并且知道在什么样的场合下该说什么样的话，这使得他和世人遇到的所有神职人员都不同。而这一切的根源都在于拉斯普京与生俱来的不同凡响，他的思维并不局限于书本上的知识或僧院里的事情——他关注的是现世世界，以及活生生地存在着的人。当他谈论上帝的时候，即便是普通人也能够从中有所领悟，而他个人的信念不仅通过学习加以深化，更在一次次具体、鲜活而生动的真实经历中得到灌溉和完善。

这种"号召力"将人们的注意力引向拉斯普京的假想。其他地方的村民和朝圣者不远万里来拜访，希冀能够坐下来和这一神人交谈，同他进行祷告或是谈论政治。很快，拉斯普京便召集了一群忠实的追随者，这些人会定期聚在一处隐秘的小教堂中，或是一起诵读《圣经》，或是吟唱宗教歌曲——准确而言，这个"教堂"其实是拉斯普京自己在牛棚下挖的一个洞穴。随着这些集会声势变得越发浩大，对拉斯普京的负面评价也如潮水般涌来：传闻他时常和年轻女性厮混在一起，指使其追随者们为他沐浴，并且向他们传授神秘的宗教仪式。

对拉斯普京最深恶痛绝的莫过于他的家乡波克罗夫斯科耶村的神甫了，他们无法接受一个狂傲自大的人及其思想受到世人如此追捧。由于引发了过多的负面关注，拉斯普京的集会不得不解散，但是，如果你认为一切到此就结束了，那你便大错特错了——这仅仅是拉斯普京登上权力和势力巅峰的开始。

是信仰还是假想？

亚历山德拉认为拉斯普京凭借信仰疗法治好了她儿子的病，但这只是其中一种解释而已，不足为信。

错误用药

阿司匹林（aspirin）是当时的流行药物，并且很有可能被宫廷御医用在了小皇子阿列克谢身上，以减轻他的痛感。而据传拉斯普京抵制使用这种药物，因为它会稀释血液，让患者的情况更加糟糕，借此，拉斯普京不经意间拯救了小皇子。

平静而从容的拉斯普京

作为一名神职人员，拉斯普京毫无疑问为亚历山德拉和其子阿列克谢的生活注入了平静与安宁。由于压力得以释放，小皇子的出血症状得以缓和，乃至完全停止。

麻醉药

相传拉斯普京曾喂阿列克谢服用某种药（麻醉药）。之所以会有这种说法和沙俄人民对于皇室的疏离不无关系。

良好的时机

在其他人看来，与其说拉斯普京具有某种超自然力量，倒不如说他是个狡猾的骗子。相传他在皇室有一位密友——一位宫廷侍女，从而可以第一时间获知内部消息，每当小皇子情况好转时，他便"偶然"出现，半推半就地邀功。

催眠

当时的宫廷药师博特金（Botkin）极度厌恶拉斯普京，并坚称这个妖人对小皇子使用了催眠术，会对着小皇子窃窃私语，说一些咒语来帮助止血。

当拉斯普京踌躇满志地宣布自己要前往圣彼得堡（St. Petersburg）时，一位神职人员警告他说那个地方可能会毁了他，但是拉斯普京对此完全充耳不闻：他整颗心早已踏上了这一孤独而决绝的旅程，没有人能够让他停下前进的脚步。但即便拉斯普京再怎么深谙世事，对于这座陌生的城市他也是全然没有准备的——他近乎要被吞噬了。幸运的是，他在工作上的成就让他脱颖而出，很快便有人向圣彼得堡神学院院长——主教塞奇（Sergei）写信举荐拉斯普京。随着和塞奇院长的交往日益亲厚，拉斯普京逐渐斩获了圣彼得堡精英阶层的好奇心，同时还凭借舌灿莲花的口才和独特的魅力将其满是泥淖的"朝圣"之旅娓娓道来，赢得了一众伯爵和伯爵夫人的喜爱。很多厌倦了等级森严、枯燥乏味生活的王孙贵族纷纷对拉斯普京与众不同的做派表示出极大的兴趣，譬如说，拉斯普京会蓄着长长的头发，在初次和女性会面时便热烈而大胆地亲吻她们。对这些公子王孙而言，拉斯普京不但是满足他们好奇心的珍馐，还是日常的谈资和各种晚宴的开心果。

不消多日，拉斯普京便被上层社会人士带入其社交圈，而拉斯普京这一名字也变得家喻户晓，圣彼得堡无人不知。在和黑山共和国（Montenegro）的米利察公主（Princess of Milica）以及其妹阿纳斯塔西娅（Anastasia）结为好友后，拉斯普京很快又被引荐给全沙俄最有权势的两个人——沙皇尼古拉二世和皇后亚历山德拉。凭借其巧舌如簧的口才和邪魅的本性，拉斯普京步步为营，从沙俄社会最底层爬到了权力之梯的最高处。

拉斯普京在最合适的时机走进了沙俄皇室的生活中，然而这一切却并不是他刻意为之。当此之时，沙俄处于动荡分裂的状态中：对外，他们才刚在对日本的作战中败北，在世界舞台上丢尽了脸面。对内，沙皇不得不直面血色星期天（Bloody Sunday）的恶果——在这次事件中，数百名拥护和平的正义抗议者遭到了皇家卫队的血腥屠杀。尽管尼古拉并没有下令开火对抗那些抗议者，但是很多人仍旧止不住地谴责这位他们曾经尊奉为"国父"的沙皇。整个皇室都面临着剧烈的反对与冲击，他们随时有可能彻底丧失对整个国家和人民的统治权。而此时，拉斯普京从容地端坐一处，倾听亚历山德拉诉说内心的忧愁，他们还针对宗教事务展开了深入的交流论述。这位神职人员平静地告诉皇后亚历山德拉，她的丈夫需要更加亲民，并且笃定地告诉她可以完全信任自己。就在这一瞬间，拉斯普京便打开了亚历山德拉的心扉，因为她自己对沙俄皇朝从来都怀抱信念，同时她还产生了这样的想法——这位神职人员一定是上苍派来拯救沙俄皇室于水火之中的。

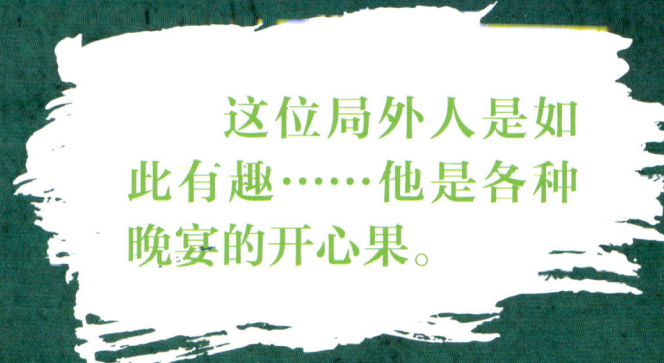

这位局外人是如此有趣……他是各种晚宴的开心果。

神秘主义的力量

针对大众缘何越发为拉斯普京着迷，以及这种现象如何促成拉斯普京占据权力制高点，历史学家道格拉斯·史密斯（Douglas Smith）展开了讨论。

道格拉斯·史密斯是一位极负盛名的历史学家和翻译家。他著有研究俄罗斯历史的五本书，其中就包括最近出版的《拉斯普京》。他日前和家人住在西雅图。

沙皇俄国上流社会对神秘主义究竟崇拜到了何种地步？

处于世纪之交的沙俄充斥着对神秘、玄幻力量的追逐。在1890年至1914年这段被称为沙俄白银时代的时期内，整个国家的有识之士皆沉迷于对神秘主义、魔法和各种超自然手段的追逐，其中包括桌灵转（桌上通灵术）、催眠术、手相术、玫瑰十字会（Rosicrucianism）、算命、传心术和通神学（Theosophy）。20世纪初的沙俄人民对催眠术推崇备至，流行度远高于其他欧洲国家，而其中热情最高涨的莫过于圣彼得堡的精神病医生了。最广为人知的精神病医生－催眠术师当属弗拉基米尔·别赫捷列夫（Vladimir Bekhterev），他将催眠术广泛应用于自身"精神神经病学"的研究中。对神秘主义的痴迷极度盛行，不仅沙俄艺术圈和知识界人士纷纷投身其中，及至后来更在中产阶级中产生了广泛影响。

对神秘主义的痴迷程度是如何来的，以及为何会在沙俄贵族阶层蔓延开来？

大部分受过教育的沙俄民众开始纷纷背离19世纪的唯物主义实证主义思潮，重新投入宗教和其他形式的精神仪式中，我们称其为宗教复兴运动。很多人试图复兴某种墨守成规、专制独裁而又一潭死水的沙俄东正教，并将一抹神秘的、炽烈并充满生机的色彩融入。其他人则对这种声称会和神圣事物缔结更强有力纽带的精神仪式持全然否定态度。

这种宗教复兴运动是否有益于拉斯普京取得沙俄皇室的信任？

这场宗教复兴运动对于理解拉斯普京的崛起具有至关重要的作用。一方面，他在个人自传中曾提及这一时期的沙俄历史。在他人生中的最后二十年里，他对某种特定的宗教体验有了更深刻的认知：他离开位于西伯利亚的家，开始了朝圣之旅。他衣衫褴褛地游荡在帝国广袤的大地上，多数时候甚至身披镣铐，只为了抵达各种神圣之所、会见神职人员以期获得精神启蒙。我们不妨称这段时期为拉斯普京的大学求知之旅，很快，他便因自身对基督教经文以及人性的深刻理解及思考而广为人知。当他回到圣彼得堡时，他受到了身份尊贵的大主教以及罗曼诺夫皇室成员的热烈欢迎，此时此刻的他，俨然一尊浑身沸腾着对东正教的炽烈信仰的魅力十足的神。也正是这些人将拉斯普京引荐给了沙皇尼古拉和皇后亚历山德拉，从而打开了他平步青云的大门。

拉斯普京是否真的像大众所想那样，专注于对神秘力量的挖掘？还是这一切不过是他实现政治理想的手段？

从第一天结识沙皇尼古拉和皇后亚历山德拉开始，拉斯普京便不仅只传授宗教教义，还时不时地对国家的政治事务品头论足。他们于1905年革命的战火中初次相识，拉斯普京不但协助沙皇保持镇定，还开解其不要对此类政变屈服。1914夏，拉斯普京给沙皇尼古拉写了一封信，恳请后者忽略好战者的言论、千万不要被参战的倾向所左右。在这封彪炳史册的信中，拉斯普京以启示录的方式写下了他对"无休止的毁灭和痛苦"的预见。然而，尼古拉对这种先知般的警示充耳不闻。1916年末，也就是在被刺杀前不久，拉斯普京恳求尼古拉对圣彼得堡内焦躁地等待领取救济品的群众做出适当安抚。他告诉沙皇，人们饥肠辘辘，正不断失去耐心。然而，尼古拉对此依旧无动于衷，于是，怒火中烧的人们终于掀起了革命，统治了沙俄历史300余年的罗曼诺夫王朝轰然倒塌。

亚历山德拉对拉斯普京极度信任，以至当她的儿子阿列克谢遭受血友病的侵害时，她不加犹疑地召来了拉斯普京。阿列克谢是皇室唯一的男性继承人，故此亚历山德拉对其溺爱有加。亚历山德拉深知情况有多么危急；她的一名叔叔和哥哥就是由于这种遗传疾病（遗传自她的祖母维多利亚女王）丧失了宝贵的生命，她似乎已经看到同样的悲剧正在自己挚爱的儿子身上上演。阿列克谢象征着俄罗斯皇室的未来——拯救他就是拯救整个沙皇俄国。亚历山德拉遍寻名医，尝试了数千种药方，但是无一起作用。当阿列克谢徘徊在生死一线之时，无助的亚历山德拉召唤来了拉斯普京。

拉斯普京受召来到了殿前，俯身在阿列克谢床前开始祷告，而奇迹竟然发生了：小皇子慢慢镇定了下来，病情也逐渐在好转。还有一次，阿列克谢在一场事故中受了伤，瘫在床上痛苦呻吟数日。亚历山德拉回忆起上一次宝贝儿子是如何被拉斯普京妙手回春的，于是便发了封电报给他。拉斯普京立刻发了回电，安慰她道，"小皇子性命无虞。请别让医生总来打扰他。"如他所言，阿列克谢逐渐好转，这一切的一切都使得亚历山德拉坚信——拉斯普京是上天派来保佑她的宝贝儿子的。拉斯普京借此稳固了他在沙俄皇室的地位。

最开始时，拉斯普京的身份仅仅是阿列克谢的治愈者，慢慢地，他成为了整个皇室最为亲密的挚友，甚至时不时地会为沙皇本人出谋划策。例如，他曾向尼古拉指出参与第一次世界大战的危害，并且努力劝说沙皇和德国保持友好关系。然而，尼古拉一意孤行地出动了兵力，这对于整个国家以及沙皇本人的名誉而言都是严重而无法弥补的错误。然而有一点是毋庸置疑的，那便是：拉斯普京可以自由出入皇宫，并且对整个皇室成员都有着无可替代的影响力。拉斯普京住在格罗科瓦亚（Gorokhovaya）街的一间公寓内，那里时常会有农民前来寻求援助，但比平民百姓更多的，则是那些渴求通过拉斯普京扩大自己在皇室影响力的贵族。

> 拉斯普京对沙俄皇室的控制力招致了流言和恶意

除了宗教，拉斯普京还会对政治事务发表意见和建议

拉斯普京对沙俄皇室的控制力招致了流言和恶意

拉斯普京和罗曼诺夫皇室关系亲厚,特别是皇后和小皇子

拉斯普京的尸体：双手上扬，仿佛要摆出十字架的形状

如果尼古拉不情愿和其他上访者一道谴责拉斯普京，那么尼古拉本人和拉斯普京将面临被共同烧死的命运。和拉斯普京这样一位臭名昭著的性变态者和恶魔来往过密，大大有损于尼古拉的名声。这在第一次世界大战中表现得最为突出，当时，这位沙皇对俄国军队占据着最高统摄权。然而，由于要时常离开首都圣彼得堡，他的妻子便受命和拉斯普京一道处理内部事务——毕竟，拉斯普京是亚历山德拉唯一信任的人。抗议接踵而至：所有的大臣都扬言要辞职，贵族公开表明对尼古拉这一决定的不满，并且请求沙皇收回成命——但是拉斯普京果敢而固执的个性非常对敏感易变的沙皇的胃口，从而赢得了他坚定的支持。

正当皇室成员纷纷感到害怕之时，拉斯普京成为了亚历山德拉最为亲厚的心腹。她并不是一名软弱的妇人，而是一位可以像男人一样统御整个帝国的强大的女皇，纵使她可能衣着褴褛、声音轻柔。拉斯普京还要求皇后劝说那位真正软弱的人——她的沙皇丈夫服从自己的指令。如此一来，拉斯普京便牢牢掌控了整个沙俄皇室以及人民的命运。对于那些将其视为怪胎、不道德之徒以及浑身散发着危险气息的人而言，这是根本无法接受的。

至于这个时期拉斯普京的信仰是什么，我们无从得知。据说他的行事作风在遭遇1914年刺杀未遂事件之后便发生了天翻地覆的变化，很有可能这次生死线上挣扎的经历让他对于和他人推心置腹丧失了信心。尽管他为人严苛，常常言辞激烈，但是并没有可靠证据显示拉斯普京是一个暴力分子，或是残忍之徒。他的个性从来就没有变过：独立、勇敢并且自信满满。

撇开对自己所作所为正确与否的看法不谈，拉斯普京给自己招致了很多可怕的敌人。尽管沙皇拒绝承认拉斯普京是祸国殃民之徒，贵族们却无法再袖手旁观，他们决定依靠自己的行动来消灭这颗毒瘤。包括沙皇的几位堂兄妹以及一众议会成员在内的叛乱者联合起来，以接见沙皇侄子的名义哄骗拉斯普京参加他们的会议。1916年12月17日晚，拉斯普京走进了尤苏波夫宫（Yusupov Palace），然后就再也没走出来过。第二天清晨，人们发现他失踪了，于是便立即展开搜查。当他的尸体在涅瓦河畔被发现时，早已经冻得结结实实了。这个拥有着能致人催眠的双眼的人，就这样死掉了。

"妖僧"

> 很多人质疑拉斯普京，称其为只会舌灿莲花地诱骗人民群众的欺世盗名之徒。

叛乱者原本只是想摧毁拉斯普京对沙俄皇室的影响力。然而，即便处死了拉斯普京，大厦将倾的沙皇俄国也无法得到救赎。拉斯普京死时，俄国已经到了分崩离析的边缘，早已经回天乏术了。1916年12月，拉斯普京给沙皇写了一封信，信中预言道，如果自己死于沙皇亲友之手，"你的幼子将活不过两年。"

同时代很多人质疑拉斯普京，称其不过是个只会用漂亮话和催眠术诱骗人民群众的江湖术士。他们也许是对的，如今的我们无从知晓拉斯普京究竟拥有怎样的能力。然而，这位"妖僧"至少说对了一件事——罗曼诺夫皇朝在其死后不久便被推翻，而后不到两年的光景整个家族的人全部离世，这再次印证了他的预言。人们很容易便将批判的矛头指向这位行事诡异、漂泊浪荡的神秘人物，而不会过多责备本该成为国民之父的软弱的沙皇。

拉斯普京一生都深深信仰宗教

参与谋杀拉斯普京的人

在被推向绝望边缘之后,下面这些人组成了一个阴谋集团,宗旨就是永远地摧毁拉斯普京。

菲利克斯出身于一个相当富有的家庭——其家族财力甚至远超罗曼诺夫皇朝,是家中仅存的、年纪最大的男性继承人。头脑聪明、反应迅捷如菲利克斯,却因为逃避参加第一次世界大战而备受谴责。他娶了亚历山德拉·罗曼诺夫的侄女、沙俄公主伊丽娜(Irina)为妻,由于看不惯拉斯普京对整个沙俄皇室的控制力,菲利克斯成为了策划"摧毁拉斯普京计划"的关键人物之一。

菲利克斯·尤苏波夫
(Felix Yusupov)

大公爵德米特里·帕夫洛维奇
(Dmitri Pvlovich)

在其主要监护人——他的叔叔在一场革命运动中被刺杀之后,德米特里投奔罗曼诺夫皇朝。他是有名的花花公子,他一系列轻浮的行径使他未能按计划迎娶罗曼诺夫皇朝最年长的公主奥尔加(Olga)为妻。他晚年搬去了巴黎,和可可·香奈儿(Coco Chanel)有过一段风流逸事。

普利西柯维奇出生在东欧的比萨拉比亚(Bessarabia),在内心强烈的右翼倾向指引下,他成立了俄罗斯人民联盟这一反革命群体。尽管被推选为俄罗斯国家杜马,他却常以破坏分子的身份出现。他在幕后悄悄规划着如何使俄国永久摆脱拉斯普京的控制。

弗拉基米尔·普利西柯维奇
(Vladimir Mitrofanovich Purishkevich)

斯坦尼斯洛斯·德·拉泽沃特
(Stanislaus de Lazovert)

拉泽沃特出生于波兰,后移居到俄罗斯,在第一次世界大战中和普利西柯维奇结成统一战线。由于接受过医学训练,拉泽沃特被指派了向蛋糕上投毒(氰化钾)的任务。然而,由于曾经使用过更大剂量的氰化钾来杀人,拉斯普京躲过了投毒这一劫。自此之后,坊间便流传着拉泽沃特意念动摇而未能在蛋糕上投毒的传闻。

作为普列奥布拉任斯基军团——帝国军团资历最长的精英军团的中尉,苏霍京据传和菲利克斯是旧友,却不幸地在战争开始之前负了伤。除此之外,无可考证,但是他很有可能与策划刺杀拉斯普京的主谋存在某种亲密关系。

塞奇·米哈伊洛维奇·苏霍京
(Sergei Mikhailovich Sukhotin)

拉斯普京和沙俄上流人士关系亲厚,在他们中极富影响力,而这也成为某些人借以攻击他的缘由

皇后的情人

拉斯普京和亚历山德拉的关系是纯柏拉图精神式的，还是由于拉斯普京的魅力无法抵挡而掺杂着欲念在其中？

亚历山德拉从来就不是一个受人追捧的女人；作为维多利亚女王的外孙女，亚历山德拉相当古板传统，也正是她的这些刻板思想使得整个皇室家族离开了圣彼得堡。由于和丈夫及孩子过着隐居般的生活，她和人民群众之间竖起了一层高高的藩篱；这是任何历史评论都会谈及的。由于家人是她全部生活的中心，当小皇子阿列克谢生命垂危时，她会不惜一切代价来挽救他的生命。于是，当拉斯普京日渐占据权力巅峰时，她顺理成章地把他拉进了皇室家族中。

当尼古拉做出灾难性的举动——试图全权控制沙俄军队时，实际上整个国家是处于亚历山德拉及其最信任的谏臣拉斯普京的轮流统治之下的。她不断遣散各部部长和代理部长，从而树敌无数。流言蜚语也纷至沓来：人们一口咬定这两个他们恨之入骨的人实际上是秘密的亲德分子。拉斯普京被他们描述成一位恐怖的、控制欲极强的恶魔，而亚历山德拉则成了一名歇斯底里、极易被蛊惑的妇人。

人们坚信，在拉斯普京的牵线搭桥下，德国人逐渐挟制了整个沙俄皇室。这位"妖僧"早已被冠以玩弄女人的惯犯的恶名，而现在，他竟将魔爪伸向了全俄最重要的女人。谣传拉斯普京曾声称沙皇允许自己可以随时和皇后发生关系，对此亚历山德拉不予理睬。长久以来，这位皇后已经习惯和亲友以华丽烂漫的言辞来通信，但是，当她的书信落入敌对分子的手中时，意义便被大大地曲解了。

色情漫画在大街小巷流传，拉斯普京彻底成为了全俄最为人憎恶的人。皇后犯有很多错误，但是承认和拉斯普京的暧昧关系却并不在其列。事实上，她很有可能深深被拉斯普京所吸引，因为她坚信他是唯一一个可以拯救她挚爱的儿子的人，正是这种信仰让她能够忍受所有的流言和诽谤。

亚历山德拉别名"阳光"（Sunny）。这一昵称是其母和丈夫赐予的

1. 行刺
一名金盆洗手后的妓女曾猛力行刺拉斯普京，甚至将后者的肠子都从胃里刺了出来。她惊呼，"我杀了基督的敌人！"然而，手术后拉斯普京奇迹般地活了过来。

2. 投毒
在民众的一致煽动下，一位阴谋家引诱拉斯普京来到自己家中，邀请他品尝美酒、食用事前投了氰化物的蛋糕。尽管蛋糕里所含氰化物的分量足以毒死数人，但拉斯普京依然毫发未损。

3. 枪击
投毒未遂后，一名刺客飞奔上楼，取下一只左轮手枪，并瞄准了拉斯普京的胸膛。子弹刺穿了他的胸膛，但依然没能送他去见阎王。

杀不死的拉斯普京

令刺杀者头疼的是，拉斯普京似乎怎么也杀不死。

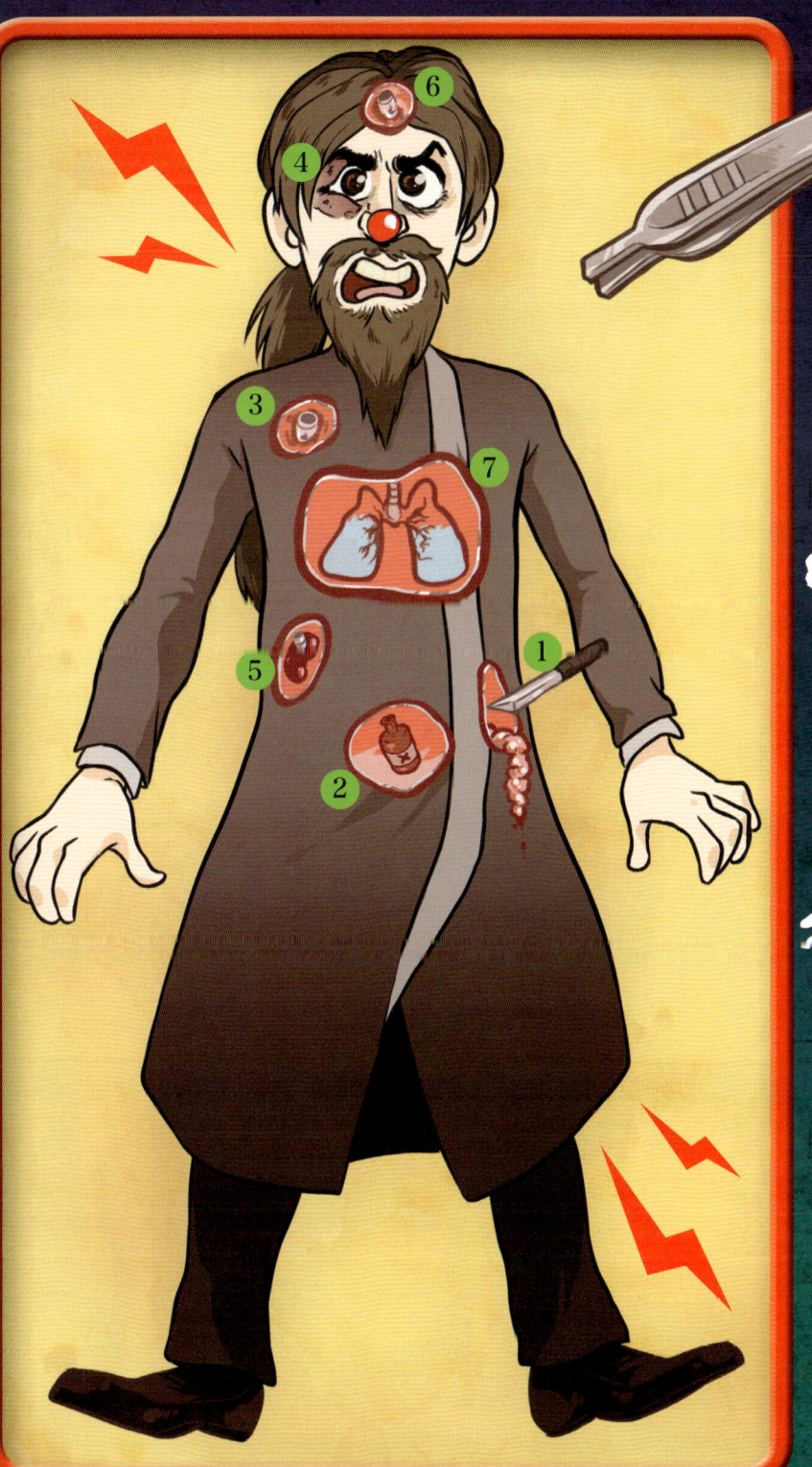

4. 痛打

中弹以后，拉斯普京从楼梯上摔了下去，然后试图从后院逃跑。刺客追了上去，用一只橡胶棍狠狠痛打了拉斯普京。

5. 枪击

在逃跑过程中，拉斯普京又被瞄准了四次。但是，仅有一枚子弹打在了他的身上：拉斯普京的右肾脏被击穿，子弹留在了他的身体里。

6. 枪击

当他的尸首被发现时，前额上钉着一颗子弹。据说这一枪是拉斯普京身体突然晃动时射出的，而这一枪究竟是谁开的已无从知晓。

7. 溺水

最后，拉斯普京（上述种种刺杀行为后，他依然活着）被捆在一张毯子里，沉入了涅瓦河中。当他的尸首被发现时，双臂呈外伸姿势，仿佛要摆出十字的形状。

"妖僧"之女

玛利亚·拉斯普京（Maria Rasputin）被迫逃离俄国，开始了和其父亲一样传奇的人生。

当拉斯普京决定摆脱罪人身份、成为一名神职人员时，他抛下的不仅仅是盗马贼的回忆。他还抛下了家中的妻子和三个孩子：德米特里（Dmitri）、玛利亚（Maria）和瓦尔瓦拉（Varvara）。可以想像，当拉斯普京由一名流浪汉蜕变为神职人员返回家中时，三个孩子内心是多么的震撼啊！玛利亚在日记中写下了有关父亲的一切，甚至还会抱怨他严格的管教和长达数个小时的祷告："世间一切，纪念也好，赎罪也罢，无非都是借口。"玛利亚最终追随父亲的脚步进入了圣彼得堡的圣殿之中，希望将自己塑造成为一名端庄优雅的女士。她很快便和皇室成员成为了朋友，但这不过是另外一场悲剧的开始。随着父亲以及皇室朋友相继离世，玛利亚的世界也发生了翻天覆地的变化。据说最终认领尸体的正是玛利亚。

随着沙俄分崩离析，玛利亚被迫出逃，开始了东躲西藏的生活，以免被红军所擒。玛利亚在欧洲东飘西荡，最后嫁给了一个"本性可疑"之人，生了两个女儿。又过了不到十年，玛利亚成了寡妇。随着家庭成员相继消逝，玛利亚开始以卡巴莱舞者的身份巡游欧洲大陆，同时构思写作《真实的拉斯普京》一书来为自己的父亲正名。这本书以及后来的《我的父亲》为我们刻画了一个全然不同的拉斯普京，在玛利亚的眼中，拉斯普京是一位虔诚的圣徒，是那些敌对者将自己父亲的形象进行了篡改和丑化。随后，玛利亚又以巡回马戏团驯狮者的身份继续在欧洲大陆游历。最终，由于被一头熊所抓伤，玛利亚不得不停下自己吉卜赛人般的生活。尽管保住了性命，玛利亚的马戏团生涯却被迫告终，随后，她搬到了洛杉矶，在多年的漂泊不定后终于过上了平静的生活。

相传玛利亚（左数第三位）拥有通灵的神力，而据她本人所言，她曾在梦中见到过贝蒂·福特（Betty Ford）

一个皇朝的惨淡收场

随着尼古拉二世宣布退位,自"恐怖的"伊凡四世开始的沙俄极权主义统治宣告终结。

尼古拉并不是天生的统治者,而他仅四十多岁的父亲也未曾想过让他继承王位。但是年轻幼稚而又丝毫没有准备的尼古拉在26岁时便继承了皇位。从此,俄国历史便进入了一段晦暗的时期,充斥着错判和失误,对忧患视而不见,完全听凭个人主观臆断。1905年革命之后,尼古拉曾承诺给予国民自由,但是由于他过分迷信沙皇的圣权,这些承诺统统未予兑现。

在做出了参战这一极具毁灭性、代价惨重的决定之后,沙俄的处境每况愈下。食物严重短缺,士兵成批战亡,战场节节败退,这一切都在摧毁着沙俄人民对皇室的信心。一时间,物价飞涨,冲突不断,对人民而言,当朝者根本不关心他们的死活。革命一触即发。

尼古拉命令军队对示威者予以制裁,约有两百位公民当街被射杀。最终,甚至驻扎在彼得格勒(Petrograd)的资历最老、最为忠诚的军团也加入了反对皇室的作战,尼古拉别无他法,不得不宣布退位,彼时,他才刚满48岁。

尼古拉和他的家人很快便被流放,或被投入监狱,不得不依靠军队的补给过活。据传,他们原本是要在法庭受审的,但是1918年的一系列事件改变了一切。至于最后的时刻究竟发生了什么,说法不一,但是有一点毋庸置疑:尼古拉一家人一早便得到了消息,在掩护下被带到了地下室。

然而,当他们到达地下室的时候,却发现七名手持枪支的战士早已等候于此。尼古拉才刚惊呼出"这是怎么回事?",就被射杀身亡。尼古拉的幼子由于身戴厚重的珠宝首饰而躲过了第一阵弹雨,但是手执刺刀的战士未放过他们,而是追了上去,近距离击毙了几名孩子。被消灭的不仅仅是尼古拉一家,而是整个沙俄皇室。在沙俄人民眼中,与其依赖贵族阶级,倒不如自己统治自己。

死去的罗曼诺夫一家随后被俄国东正教追封为殉道者,尽管他们"受封"的地方并不在俄罗斯境内

迪伊的职业生涯并不是一帆风顺的,他也认为自己得到的恩宠和认可与他的能力并不相称。

约翰·迪伊 (John Dee)

神秘学家，数学家，哲学家或间谍：
跨越魔法和科学鸿沟的男人背后的秘密。

　　约翰·迪伊出生于伦敦，但实际上他是威尔士血统。他们的威尔士同胞，亨利七世加冕英格兰国王后，这一家人就在英格兰首都安顿了下来。和他卑微的出身相比，朝气蓬勃、意气风发的迪伊此后创造的家系则要宏大得多——他和众多威尔士王子建立了家族联系，甚至暗示自己的先祖就是传说中的亚瑟王。

　　迪伊于1545年获得剑桥大学学士学位。就读期间，他以研究炼金术的方式第一次邂逅神秘学，之后他又遇到了若干数字概念，这为他日后的很多想法奠定了基础。毕业时，他已经在这一方面小有建树，尽管如此，他还是在1554年担任了圣职。

　　1555年，迪伊奉玛丽·都铎女王（Queen Mary Tuder）之命，利用现有能力为她和同父异母的妹妹伊丽莎白预测未来，但是麻烦也接踵而至。5月28日，他和同伴因涉嫌使用魔法遭到逮捕，在当时动荡的政治环境下，这一罪名很快被升级成施咒作法和使用巫术，至此，迪伊陷入水深火热之中。尽管迪伊一度面临死刑，但最后他还是洗脱了所有罪名并成为伦敦主教埃德蒙德·博纳（Edmund Bonner）的家庭牧师。

　　1558年，伊丽莎白一世加冕，迪伊似乎也开始转运。据说，这位新君主加冕的日子是迪伊通过占星确定的。总的来说，迪伊很受女王的恩宠。尽管取得了这个看似不错的开门红，还和伊丽莎白建立了贯其一生的联系，但是迪伊的职业生涯并没有一帆风顺，他也认为自己得到的恩宠和认可与他的能力并不相称。

　　到了16世纪60年代，一直有志研究魔法学的迪伊终于彻底投身于魔法学研究。1564年，他写下了《一个象形文字》（The Hieroglyphic Monad），解释了自创的一个象形文字的意义。和从前一样，他满怀着希望，将这篇着实晦涩难懂的文章献给了神圣罗马帝国皇帝马克斯米利安二世（Holy Roman Emperor Maxmilian II），然而迪伊的希望再一次落空了——这篇文章并没有为他带来期待中的奖赏。他曾称自己是被约翰·福克斯（John Foxe）备受青睐的作品除名的魔法师（在这方面，他取得了一些成功）——后期的《殉道言行录和伟业》（Acts and Monuments）将那些关键的论述删除了，不过他的声望并不会轻易被改变。

—— 决定性的时刻 ——

因涉嫌巫术遭到逮捕

政局动荡不安，继承者尚不明朗。迪伊曾为玛丽一世女王、其夫西班牙国王腓力（二世）（Philip）和伊丽莎白公主占星，后因涉猎魔法入狱，这项罪名在当时与叛国罪无异。上级批准对迪伊用刑，但是迪伊关在塔里的时候是否真的遭受刑罚就不得而知了。

1555年

迪伊和伊丽莎白女王的关系备受瞩目，但是并没有给他带来预想中的认可

迪伊还四处宣扬自己支持英国在新世界（New World）的扩张，为此也花费了大量的人力物力，以帮助英格兰在与西班牙的领土争夺战中获胜。1577年他发表了《航海完美艺术的一般记录和罕见记录》（General And Rare Memorals Pertaining To the Persect Art of Navigation），他在该作中概述了关于英国扩张为帝国的宏大想法。但是和他的诸多想象一样，他的这类想法几乎都没有被采纳。

酷爱书籍的迪伊转而将注意力放到牛轭湖家中私人图书馆的建立上。他将这座图书馆打造成了一个伟大的奇观，其中收录了诸多关于神秘自然的书籍。迪伊在世时，这座图书馆是欧洲数一数二的图书馆，同时也是英格兰最大的私人图书馆。1574年，在给伊丽莎白一世时期的财务大臣威廉·塞西尔（William Cecil）写的信中，迪伊再次表露了对神秘学的着迷和对更多认可的热切渴望。他直截了当地声称，自己知道威尔士马其士（Welsh Marches）地区藏有宝藏，并暗示如果碰到合适的赞助人，他就可以找到这些宝藏。

16世纪80年代，已到天命之年的迪伊终于承认他对自己的停滞不前感到失望，他的人生轨迹也随之改变。正因为如此，迪伊对神秘学的投入有增无减，他也正是从这个时候开始专注于与天使的精神交流。要完成这份工作，他还需要一个擅长占星的人来充当两个世界间的媒介。在面试中，一位名叫爱德华·凯利（Edward Kelley）的人表现得颇为抢眼，最终迪伊选择了这个本不被看好的，而且已经被定了罪的罪犯。

他们认为二人的尝试很成功，迪

伊也深信在凯利的帮助下，他们成功地与天使进行了交流。迪伊把这些交流认真记录了下来。尽管迪伊与神秘学之间存在种种联系，但他却是个虔诚的基督教徒，祈祷和斋戒在他的精神交流中扮演了重要的角色。他这么做并不完全是为了他自己——显然，他诚心诚意地相信，他通过凯利和天使们学到的东西对整个人类有所裨益。

终其一生，在迪伊感兴趣的人中，凯利并不是唯一一个有问题的人。正是在这十年里，迪伊经人劝说，在一个叫阿尔伯特·莱斯基（Albert Leski）的波兰贵族的帮助下，举家迁至波兰，一同随行的还有凯利。但是这一境况并没有维持多久，因为不久后迪伊就发现莱斯基不名一文，而且在他的宫廷中比迪伊受到的冷落更甚。不过迪伊并没有回家，而是和无处不在的凯利及他们的家人开启了欧洲之旅。他们继续着和天使的交流（而据凯利说，一开始就是这些天使让他们和莱斯基一起去波兰的）。这两个人试图用与天使的交流吸引一些大人物的注意力，好有机会觐见皇帝鲁道夫二世（Emperor Rudolf II）和波兰国王史蒂芬·巴托里（Stefan Batory）。虽然他这个尝试失败了，但是他仍旧专注于与天使的交流，在此期间，凯利擅长的炼金术最终帮助他受命担任国王的首席炼金术士一职。

---- 决定性的时刻 ----

《一个象形文字》的写作

迪伊一生著作颇丰，涉及数学、哲学以及神秘学，但是迪伊的同代人认为，最重要的还属这本用时12天完成的作品。直至今日，仍有读者被该作吸引并为之困惑。该作也被认为是证明迪伊与蔷薇十字会存在联系的证据。

1564年

在欧洲的这段时间里，迪伊——这个曾效忠于伊利莎白一世的间谍——他残留的声望得以提升。尽管他凭借自己的才智备受尊崇，但是他身边的君王对他一直有所顾虑。

迪伊死后的几个世纪里，迪伊的名字就一直和神秘学纠缠不清

---决定性的时刻---

遇见爱德华·凯利

迪伊和凯利的关系决定了他人生的很大一部分。年轻一点的凯利帮助实现了迪伊与天使交流的愿望，带领他进入了神秘学的腹地。有一些文本是天使经凯利之口所述，迪伊原本本记录下来的。这些文字为读者提供了珍贵的视角，帮助他们洞悉二人的作品。

1582年

2013 年，在圣处女玛丽牛轭湖为迪伊树立的纪念碑十年之期接近尾声时,凯利和迪伊的关系开始恶化,凯利更是加快了他们关系恶化的速度。这个在迪伊手下当了30年副手的人宣称,在交流的过程中,有一个天使说人类必须共享一切事物,其中就包括他们的妻子——这也是让迪伊颇为恼火的一点。虽然这个协议似乎真的付诸实践了,但是迪伊和凯利还是在不久之后分道扬镳——九个月后,迪伊的第三任妻子诞下一子,至于孩子的父亲是谁,没有定论。

他长久以来的离家不归造成了严重的后果:牛轭湖的房子遭他人破坏,已经破败不堪,而他珍贵的图书馆也被洗劫。他重新选择的政治宗教环境也不尽如人意,当时的大众反对的就是迪伊视若珍宝的神秘信仰,他获得恩宠的希望更加渺茫了。尽管迪伊于1959年受命担任曼彻斯特基督学院院长一职,68岁的他仍旧没有从中获得多少好处,因为他并没有受到手下之人多大的尊重。与此同时,他也饱受世人诟病,因为他与当时风靡首都的驱魔热有牵连,与约翰·达雷尔(John Darrell)有明显瓜葛,还因为他持有欺诈得来的财产。所有这一切都意味着他取得进一步的提升或进步的希望已经全部落空。

虽然至今仍有传闻,但是迪伊是蔷薇十字会一员的可能性微乎其微,事实上,没有实质性的证据表明迪伊在世时,这个十字会真实存在过。关于迪伊,除了事实真相,还有一些更为极端的言论,但是关于这位迷人的博学之人的传说却一直没断过,而且也丝毫不受这些真相和言论的影响。

詹姆士一世(James I)从伊丽莎白手中接过权杖后,迪伊的境况并没有一丝好转,而且这位新君王丝毫无意支持这位著名的神秘学家。此后迪伊由女儿凯瑟琳(Katherine)照顾,在贫困中度过了余生并于1609年卒于牛轭湖。

迪伊和凯利召唤亡灵

诺斯特拉德玛斯的这部作品让他以时间声名鹊起。不久之后，他开始迎合达官贵人。

---决定性的时刻---

付梓

诺斯特拉德玛斯年度历书的出版让他声名鹊起，成为预言界的新起之秀，并凭借预言被同代人和现代人熟知。总的来说，这些年度历书包括将近 6,500 个预言，这些预言在作品出版的时候备受青睐，也为之后的《预言》奠定了基础。

1550年

诺斯特拉德玛斯 (Nostradamus)

有史以来最臭名昭著的神使之一
——诺斯特拉德玛斯到底是神授的先知还是一个骗子？

几个世纪以来，人们对米歇尔·诺斯特拉德玛斯（Michel de Nostradamus）——人们更习惯称他为诺斯特拉德玛斯——褒贬不一，一度他又凭借作品《现代末日福音》（*Gospel of Doom for the Modern Age*）走红。1503年年末，诺斯特拉德玛斯出生于法国一个叫圣罗米普罗旺斯（Saint-Remy-de-Provence）的小镇，父亲是一名公证员，母亲可以说来自于医药世家。他有至少8个兄弟姐妹。但是，他们未曾想到，他的名字会成为当时及之后的骚乱和灾难的代名词。

尽管在他的生活细节上常有争议，人们还是普遍认为诺斯特拉德玛斯的职业生涯始于阿维农大学（University of Avignon），不过他的大学生涯因为城中瘟疫的扩散而在1521年戛然而止。这位年轻人的新征程就此开始。如果传闻属实，这之后的他并没有虚度光阴——游走乡村的八年间，他一直都在研究草本治疗的方法。这对于他的药剂师生涯很有帮助，而他对这份工作的热爱也持续了几年。在自我放逐的这段时间里，他为找上门来的人们提供解药和碘酒。

1529年，他决定重回大学，并开始在蒙彼利埃大学（University of Montpellier）攻读医药学博士学位。但同样好景不长，不久之后他此前的药剂师生涯被曝光（这严重违反了那所大学的规定），也有传言说他曾经公然挑衅医学界，他因此被勒令退学。但是正式培训的缺乏并没有对他的发展前景造成太大的影响。1531年，诺斯特拉德玛斯搬去阿让（Agen），在那儿成立了家庭，生养了两个儿子。妻子死后，他又重新开始了旅行。他也正是在这段时间里确立了自己治疗瘟疫的声望[尽管鲜有证据表明他在马赛（Marseille）或萨隆-普罗旺斯（Salon-de-Provence）当地的治疗取得过成功]。1547年，他再次踏上故乡的土地。在这里，诺斯特拉德玛斯再婚了，这也是他的最后一段婚姻，妻子是一个富有的寡妇，婚后为他生育了6个孩子。

16世纪中期，诺斯特拉德玛斯首次接触神秘学及其相关主题。那时的他利用预测未来和预测天气的新热潮，创造了第一份历年年度预测历书。诺斯特拉德玛斯的这部作品让他一时间声名鹊起。不久之后，他开始迎合达官贵人，建立起了一个客户群，这个客户群对他的私人预测能力非常重视。尽管他是一名名声在外的预言家，但是他还是希望客户自己去做跑腿的工作。专业的占星家会自己计算出生图，但是诺斯特拉德玛斯却要求客户提供这些信息。这可能是因为他缺乏这方面的技巧和信心——此前他计算的出生图没能经得起其他占星学家的推敲，因此招致很多骂名。

据说诺斯特拉德玛斯预测凯瑟琳·德·梅第奇的儿子们将会继位,成为法国国王

诺斯特拉德玛斯在神秘学领域建立声望后,法国国王亨利二世之妻,凯瑟琳·德·梅第奇(Catherine de Medici)王后也找上门来。这是诺斯特拉德玛斯精心策划的结果。他在1555年的历书中曾预测这个皇室将面临灾难。王后的担心也情有可原,况且她也完全相信这些预言的力量,所以她会在1556年在巴黎召见诺斯特拉德玛斯,要求他为她的孩子们进行占卜,包括预测法国国王查理九世(France Charles IX)和安茹伯爵亨利(Henry of Anjou)的继承人,而占卜的结果一定令凯瑟琳非常满意,尤其是考虑到她的儿子只是王位的第六顺位继承人。几年后,他们又在诺斯特拉德玛斯的家乡见了一面,那时的他已经垂垂老矣。为了见到她非常尊重的诺斯特拉德玛斯,凯瑟琳和查尔斯九世的皇室成员不惜来到这个瘟疫肆虐的小城。这次召见过程中,诺斯特拉德玛斯奉命成为国王的御用医生兼皇室顾问,同时还获得了200欧元的奖励,以表彰他的贡献。

然而并不是所有人都喜欢诺斯特拉德玛斯。有的人谴责他,说他是骗子,是假冒者,还有人甚至说他是个疯子,是个彻头彻尾的恶魔。这一让人脸上无光的名声并没有被他带进坟墓,因为人们又开始关注诺斯特拉德玛斯最知名最受欢迎的作品,也就是名为《预言》(The Prophecies)的四行诗系列中的预言。这部作品共有三个版本,

> ### 决定性的时刻
> **皇室召见**
>
> 凯瑟琳·德·梅第奇对诺斯特拉德玛斯的第一次召见让当时的他收获颇丰，也为后来的他带来了好处。几年后，这位王后母亲在一次王室出巡中到访萨隆-普罗旺斯，再一次召见了他。他奉命成为国王的御用医生兼顾问，这些身份为他带来了丰厚的薪水，也提升了他的威望。
>
> **1556年**

诺斯特拉德玛斯被尊称为史上最伟大的先知之一，但是他自己拒绝这个头衔

诺斯特拉德玛斯并不像是被上帝选中，为人间传递神谕的那个人。

《预言》被译成多种语言，多次再版

最后一版在他去世后问世。这些四行诗用笼统的语言提到了各种灾难，尤其是地震、瘟疫、洪水的天灾和战争、谋杀、侵略之类的人祸。人们将诸多重要事件的预测归功于诺斯特拉德玛斯，其中包括伦敦大火、法国革命、两次世界大战、9·11惨剧甚至黛安娜的去世。

《预言》的用词非常模糊。绝大多数的四行诗根本没有日期，预测所谓的事件时，用的也是最笼统的词汇。这使得读者可以根据自己的信念和所处环境解读这些文字。毋庸置疑，不论是对他的同代人还是现代人而言，诺斯特拉德玛斯的作品最让人不满的地方就是用词繁复模糊，给读者带来许多困惑，也有不止一个客户抱怨他们根本看不懂诺斯特拉玛斯给他们写了什么。雪上加霜的是，有的时候他的四行诗——不管是不同版本的，还是同版的——前后不一致。印刷方式和翻译过程更是让人参不透，那些作品多数情况下都让人难以理解。

尽管被称为先知，然而诺斯特拉德玛斯并不像是被上帝选中，为人间传递神谕的那个人。事实上，诺斯特拉德玛斯自己也没有用过这个头衔，他甚至拒绝在任何书中称呼自己为先知。和"医生"这个头衔一样（虽然他并没有取得医药方面的任何文凭，但是他还是在一些场合中使用过这个头衔），他的支持者赋予他的"先知"头衔非但没有阻碍他的发展，反而巩固了他的地位。也只有诺斯特拉德玛斯这种精通世故的人才能从这些头衔中获得这么多的利益。

有传闻说诺斯特拉德玛斯一度担心过自己的名声甚至是性命。有消息称他害怕宗教法庭的力量，但是史学家已经辟谣，因为 1538 年他与阿让教堂的信仰冲突并不是神秘学信仰或做法造成的，真正的原因是宗教差异。几个世纪以来，有人也为巩固他在神秘学界的地位做出了一些努力。有人称诺斯特拉德玛斯擅长观水火。然而这些言论不但没有任何史实做支撑，反而为诺斯特拉德玛斯又蒙上了一层神秘的面纱。同样也没有证据证明他秘密信奉新教并敌视天主教教堂。他的作品中不包含任何对天主教教堂的斥责，相反，对他宠爱有加的凯瑟琳·德·梅第奇就是天主教的领导者；他的客户中既有新教教徒，也有天主教教徒。

到了 16 世纪 60 年代中期，年迈的诺斯特拉德玛斯的身体每况愈下，饱受痛风和浮肿的折磨。可能是预感到自己大限将至，他把一切都安顿好了——保证妻子再婚后还能过得舒服，也为他死后，孩子的生活做好了打算。然而这一切似乎正是时候——1566 年 7 月 1 日晚，诺斯特拉德玛斯躺上床，给他的秘书说了一个令人毛骨悚然的预言——第二天他不会醒来了。结果一语成谶，第二天果然如他预言，他没有再醒过来。

决定性的时刻

最后的时光

诺斯特拉德玛斯死后，他的声望和影响力继续扩大，这是因为他的那些预言和声明仍在现世流行，其中就包括 2012 年的世界末日（预言错误）。人们认为诺斯特拉德玛斯成功预测了很多历史事件，他的传说也将由再版的作品和迄今为止发现的两千余条评注继续传播。

1556 年

诺斯特拉德玛斯出现在 19 世纪的鬼神学指南——《地狱辞典》（Dictionnaire Infernal）

凯瑟琳·德·梅第奇既是诺斯特拉德玛斯的主顾，也是他的预言的忠实信仰者

炼金术士的秘密

中世纪的炼金术士尝试找到炼金和长生不老的古方,虽然均未能如愿,但现代科学的发展在很大程度上要归功于他们的技术。

1666年，著名的英国数学家、天文学家及自然哲学家，艾萨克·牛顿（Isaac Newton）看到光穿过了一个棱镜，正是这次经历让他有了一个关于光和颜色的重大发现——白光是一系列颜色的混合体。他对光十分痴迷，认为它和早期现代科学家所知的"蔬菜精神"（the Vegetable Spirit）密切相关。

牛顿一直都对大自然的美丽和复杂心存敬畏。久而久之，他总结道，自然中门类繁多的生命和其历程，比如生长和腐烂，这一切的背后肯定存在着某种驱动力。牛顿相信，"蔬菜精神"就是这种驱动力，认为它可能与光相关。

牛顿在数学和物理学方面的发现更为世人所熟知，相对而言，"蔬菜精神"这一理论可能稍显陌生，甚至有点伪科学的意味。牛顿同样更不为人所知的研究还有炼金术。他在炼金术上花费了大量的时间，而且炼金术也和"蔬菜精神"这一理论及其他理论有着密切的联系。终其一生，牛顿为炼金术写下了近百万文字，希望自己能够通过研究炼金术，发现"蔬菜精神"，或者说生命精神的秘密。

即便是对17世纪的牛顿来说，炼金术也是一种古代艺术，可供他研究的文本也有很多。但是牛顿并不是第一个为了觅得所寻之物转而研究炼金术的人。事实上，在他之前还有很多炼金术士，前赴后继地试图利用这项技术找到惊天秘密，牛顿只是他们中的最后一个。

古代和中世纪炼金术士的主要目的就是找到炼金和制造不老神药的方法。但是让牛顿和其他炼金术士失望的是，炼金术自始至终都被笼罩在神秘的氛围中，在中世纪时更是迷雾重重。炼金术士一直都在为这种神秘辩护，之所以称炼金术神秘，就是为了防止被不法分子用来谋取不正当利益（我们可以怀疑，从一开始，真正的原因就是炼金术士们定下的目标本就是不可能完成的任务）。

炼金术的起源可以追溯到牛顿出生前2000年的古埃及和古希腊时期。事实上，"炼金术"（alchemy）这个词的词源可能就是Khem，也就是"埃及"（Egypt）一词的古希腊写法。尽管炼金术界通常认为炼金术之父是赫耳墨斯·特里斯墨吉斯忒斯（Hermes Trismegistus），但是我们还是很难将炼金术的起源归到某一个人的身上。从另一方面来看，第一批炼金术士很有可能是埃及的金属加工者。他们和不同的金属打交道，其中最珍贵的就是金子，因此他们中的很多人都将目光锁定在这种贵金属上。

源自12世纪巴格达地区的一份手稿，上面绘有一位拿着炼金术刻写板的贤者。

炼金术的起源可以追溯到牛顿出生前 2000 年的古埃及和古希腊时期。

一位女性炼金术士利用熔炉进行实验

久而久之，在与金银及其他金属打交道的过程中，最有天赋的工匠炼造出了大量的合金。最终，很多不同的"金子"进入了市场并带来了严重的经济后果，因为这些加工过的金属与合金并不是真正的金子，而是完完全全的赝品。罗马人征服埃及后，劣质金子的问题愈演愈烈。为此，罗马皇帝戴克里先（Roman Emperor Diocletian）（284—305 期间执政）下令销毁一切与炼金和金属加工有关的资料。

希腊人在炼金术的早期发展过程中也扮演了重要的角色。不过这些希腊人都是哲学家，在更大程度上是思想家，而不是实干家。因此他们的贡献主要集中在这些物质本质的理论研究上。第一批与炼金术相关的文献是以纸莎草为底，用希腊文撰写，内容通常包括类金金属与合金的加工过程和原料配比。

亚里士多德（Aristotle）在公元前 4 世纪的学说对炼金术思想有着深远的影响，在这一方面同样有影响力的还有亚里士多德前后的希腊学者。但是直到公元 300 年前后，来自帕诺波利斯（Panopolis）的佐西摩斯（Zosimos）出现后，大量的炼金术文本才开始涌现。这些文本不同于之前的纸莎草文本。在佐西摩斯的描写中，炼金术不再像从前那样直白，而是越来越笼统。举例来说，他开始使用谜语和让人捉摸不透的措辞。佐西摩斯可能是第一批用暗语和符号来隐藏自身想法的炼金术士，不过后来炼金术行业的传统也是由他开创的。

公元 5 世纪，西方的罗马帝国分崩离析，阿拉伯文化在伊斯兰征服者们的推崇下成为世界的主要力量之一，伊斯兰文化迎来了黄金时期。在这期间，阿拉伯的学者废寝忘食地翻译早期的希腊－罗马文本，尽可能地吸收这些古老的知识。阿拉伯人攻陷埃及后，这些早期的伊斯兰学者更是夜以继日地把发现的炼金术文本融入自己的作品中。人们通常认为"炼金术"（alchemy）这个词就是在这段时间里创造出来的，因为这个词结合了"Khem"和阿拉伯语中的定冠词"al-"，就是单词"alcohol"和"algebra"中的"al-"。对于炼金术士而言，和炼金同样重要的还有永生，而永生的关键词不老神药（elixir），就源自阿拉伯语"al-iksir"。

GEBER
EXTRAIT DE VIANDE DE LA Cie LIEBIG
CHIMISTES CELEBRES.
1) Geber avec son maître Giafar el Ssâdik (8e siècle).
Reproduction interdite.
Voir l'explication au verso.

法国商业名片，首页画有戈伯

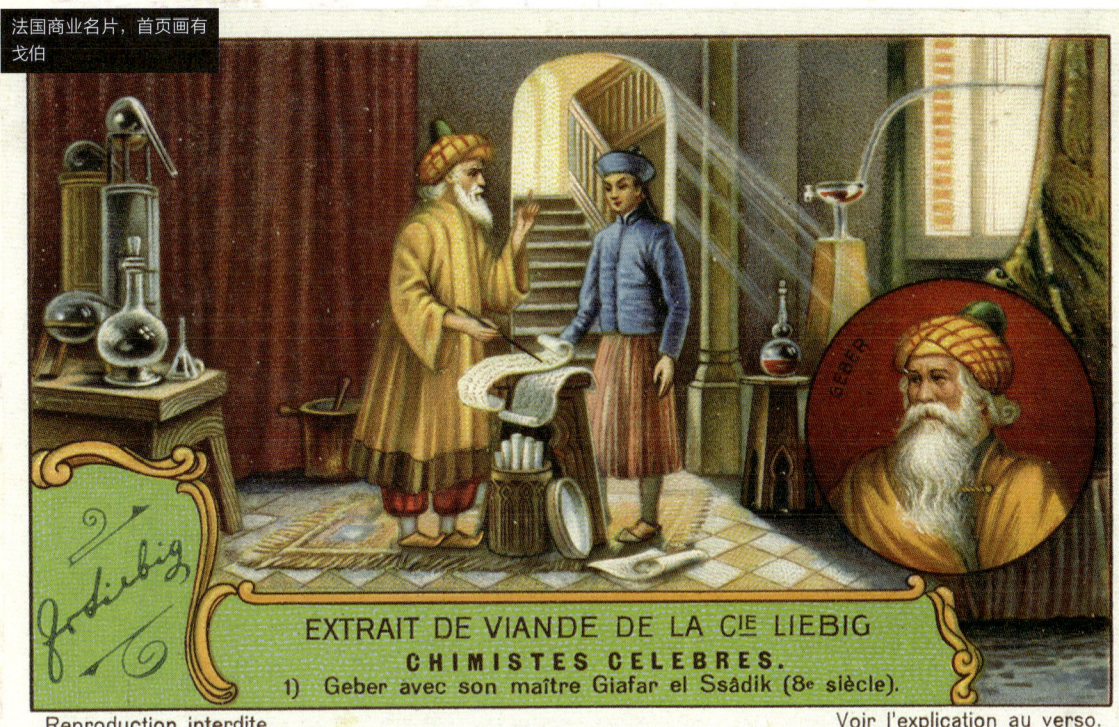

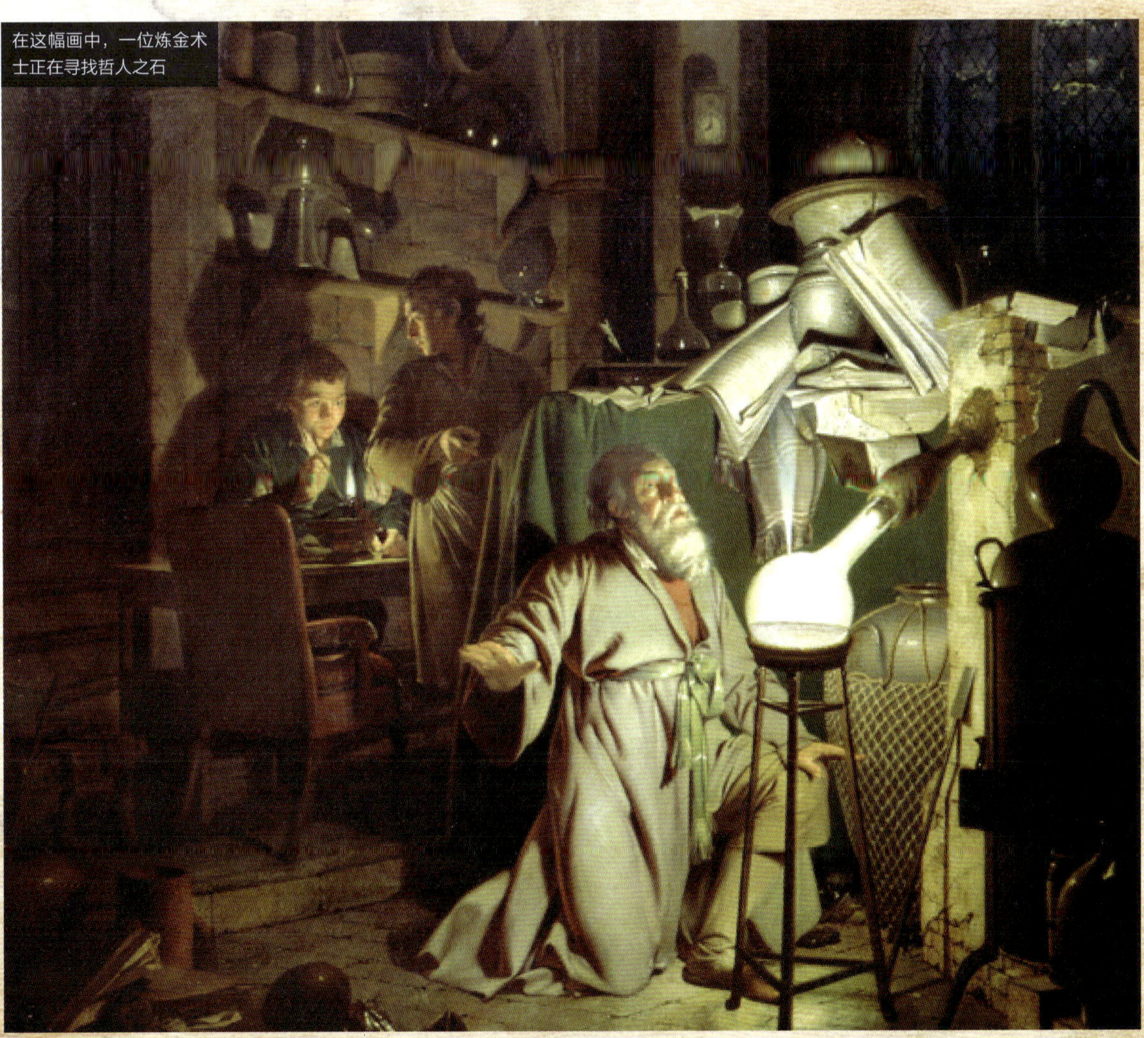

在这幅画中，一位炼金术士正在寻找哲人之石

最知名的阿拉伯籍炼金术士是贾比尔·伊本·哈扬，也就是公元760年，西方欧洲人所知的戈伯（Gerber）。根据亚里士多德的著作中，戈伯从理论上说明了金属是从水银和硫黄的混合体中提炼出来的，这一理论也成为了炼金术的基础。戈伯之后，物理学家兼哲学家阿布·贝克尔·穆罕默德·伊本·扎克里亚·阿尔－拉兹（Abu Bakr Muhammad ibn Zakariyya Al-Razi）——有时其中的Razi也写成Rasis——接手了9世纪的炼金术，而到了10世纪，则由阿布·阿里·伊本·西那（Abu Ali ibn Sina），或名阿布·阿里·伊本·阿维森纳（Abu Ali ibn Avicenna）接管。这些人和其他阿拉伯学者的著作流传到拉丁西部后，在中世纪的整个欧洲又掀起了炼金术热。

来自斯瓦比亚（Swabia）的多米尼加人阿尔贝图斯·马格纳斯（Albertus Magnus）是在13世纪把炼金术重新带进欧洲的主要学者。他支持戈伯的水银—硫黄理论。尽管他相信转换（某种物质变成另一种物质的过程）有可行性，不过他自己也承认这很难实现。1244年5月，托马斯·阿奎奈（Thomas Aquinas）成为了阿尔贝图斯的学生，而这位大师也把毕生所学都教给了他，包括他在炼金术方面的所有知识。13世纪另一个主要的炼金术士是罗杰·培根（Roger Bacon）。他的著作分为两种：实践著作和理论著作。培根比较欣赏前者，因为他深深相信，如果操作正确，就能够提升炼金术性质，使之超越其自然属性。

阿尔贝图斯、培根和该时期其他著名炼金术士都相信这种转换，尤其是金属的转换是可以实现的。但他们中没有一个人能证明此点。也就是在这段时间里，"哲人之石（Philosopheis Stone）"一词开始陆续出现在炼金术相关资料中。根据炼金术士们的观点，既然转换是可以实现的，很多炼金术士开始相信，他们只是缺少了实现转换的重要一环，那就是这块石头。随着石头理论越来越受欢迎，炼金术的相关文本中也开始越来越频繁地出现谜语、符号和加密语言，文本变得越来越令人难以捉摸。

要想知道"哲人之石"到底是什么，或者像什么已经基本不可能了，因为有关这块石头的文本非常多，而且互不相同。有些炼金术士相信，这块石头除了水银和硫黄这两个炼金的"老两样"，还新增了盐，但是他们还是遇到了一个巨大的障碍：这些成分并不是简单的水银、硫黄和盐，而是特殊的带有魔力的纯净物质，也就是人们常说的水银、硫黄和盐的"精华"。

炼金术的两个主要方面就是基础金属向贵金属的转换以及对长生不老药的追寻

关于这块石头的组成还有其他理论。有的炼金术士认为这块"哲人之石"类似于牛顿的"蔬菜精神",是一种可以从金属中提炼出来金子的种子。在中世纪人的眼中,金属和蔬菜类似,都处在生长过程中。因此,金属也有种子,而其中最珍贵的就是金子的种子。

尽管炼金术变得越来越神秘,然而无数背景不同的炼金术士还是挖空心思地想要找到或者制造出任何能够帮助他们得到"哲人之石"的东西。由于这个不可思议的东西能够用来炼金或者制造不老神药,有的炼金术士希望靠它日进斗金,有的希望靠它名扬四海,有的则希望靠它打开长生不老的大门,还有些人则雄心勃勃地试图瓦解经济,在黄金市场上来个翻云覆雨。确实也有人靠炼金术成名了,声名显赫也好,臭名昭著也罢,除了成名以外,他们所有的其他愿望全部落空。不过直到最后,这些炼金术士并没有因为他人的失败而却步,他们眼中只有想象中的那些成功故事,全然不顾多数炼金术士在多年后依然一事无成、只能黯然退场的事实。

这些成分是特殊的带有魔力的纯净物质。

黑乌鸦代表炼金术的某个特定过程

中世纪那些仍然痴迷于这种找寻的炼金术士要么尝试解读那浩瀚如海的书籍，要么在实验室做自己的实验。金属及其他物质的加热是他们工作的基本内容，因此熔炉也就成了炼金术士实验室中的核心部分。这项工作还需要用到各种各样的器皿、工具和其他设备，比如烧杯、坩埚、细颈瓶、管形瓶、开口罐、杵、研钵、长柄勺、滤网和滤器。这些炼金术士孜孜不倦，想要完成那些不可能完成的任务。在此过程中，他们也不停地改进使用的各种器具。几个世纪后，同样的器具变成了第一批化学家手中的珍贵用品，而且也成为了他们实验室中的常客。

确实也有人靠炼金术成名了——声名显赫，或者臭名昭著。

炼金术士试图通过实验了解自然世界

一位手持赫尔墨斯之瓶的炼金能手，瓶上刻有"让我们去找寻四大元素的本质"（Let us go to seek the nature of the four elements）

文艺复兴时期，炼金术仍然备受青睐和推崇，同时也涌现出很多重要的人，包括13世纪来自维拉诺瓦（Villanova）的阿纳尔多（Arnald）和拉曼·鲁尔（Ramon Llull），15世纪的乔治·雷普利（George Ripley）和托马斯·诺顿（Thomas Norton）以及16世纪的托马斯·查诺克（Thomas Charnock），等等。

不过，在这一时期，炼金术开始逐渐失去威望，原因如下：首先，冶金术的进步让人们发现了金属真正的本质；其次，很多科学突破也逐渐淘汰了包括炼金术和占星术在内的所谓的伪科学。到了17世纪，牛顿站在了新的科学时代的前沿，但是就连他这样一个如此有前瞻性的思想家也会向后看，试图利用炼金术的古老知识来揭示生命的秘密。

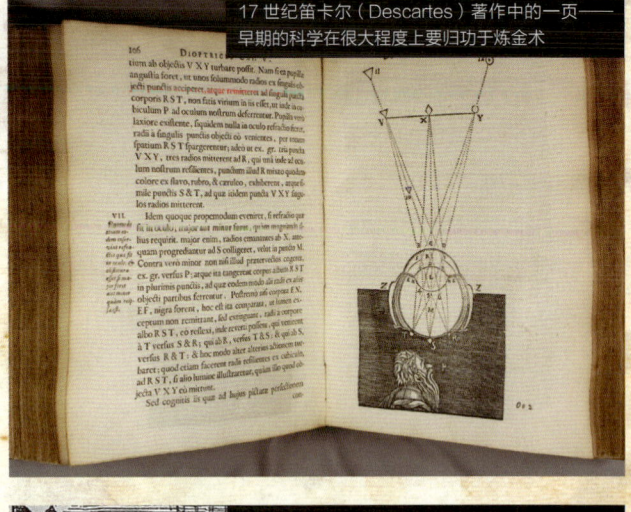
17世纪笛卡尔（Descartes）著作中的一页——早期的科学在很大程度上要归功于炼金术

"变圆为方"，创造哲人之石的象征。

该油画中，一位炼金术士的实验室发生了爆炸

传奇炼金术士

古代至文艺复兴时代的主要炼金术士。

托马斯·诺顿和阿伯特·克莱默（Abbot Cremer）与巴泽尔·瓦伦丁（Basil Valentine）在一起

托马斯·诺顿

托马斯·诺顿（1433—1513年）是著名的英国炼金术士乔治·雷普利（Greorge Ripley）的追随者。传说这个炼金术士曾经两次成功制造出了不老神药，但是两次均被窃。不过这位炼金术士最为世人熟知的还是他写的那本《炼金术礼书》（Ordinal of Alchemy）。

15世纪赫耳墨斯·特里斯墨吉斯忒斯画像

赫耳墨斯·特里斯墨吉斯忒斯

赫耳墨斯·特里斯墨吉斯忒斯通常被认为是古代炼金术之父。尽管他很有可能是个虚构的人物，但是和摩西（Moses）生活在同一时代的人们还很相信他的。其他有关他神秘起源的理论将他描绘成古希腊之神赫耳墨斯的后裔。14世纪早期，阿尔贝图斯·马格纳斯的论文《论矿物》（De Mineralibus）是第一份提到他的西方文本。

阿尔贝图斯·马格纳斯为他人讲解他的科学发现

阿尔贝图斯·马格纳斯

阿尔贝图斯·马格纳斯出生于13世纪初，是多米尼加人。他是当时自然科学界最杰出的学者，因而被天主教教堂授予"宇宙博士"（Doctor universalis）称号。他被人们称为神学家、发明家、占星家和魔法家，但是到了中世纪初期，后世的炼金术士则称他为炼金术的首席专家。除了炼金术，阿尔贝图斯还因为执教圣托马斯·阿奎奈而声名大噪。

18世纪罗杰·培根的刻像

罗杰·培根

罗杰·培根（1220—1292年）是方济各会会员，同时也是第一位凭借炼金术的理论和实践而出名的英国人。他与阿尔贝图斯生活在同一个时代，是一名魔法家和奇迹创造者，但同时他也是纯粹实验的主要支持者，试图改进当时的科学方法。培根的著作是第一批引导炼金术士寻找哲人之石的著作。

阿拉伯炼金术士贾比尔·伊本·哈扬

戈伯或贾比尔·伊本·哈扬

贾比尔·伊本·哈扬著有多本炼金术作品，拉丁语国家的人习惯称他为戈伯。他生活在8世纪，彼时的阿拉伯人正在发现和翻译古希腊—罗马文本，有可能戈伯也参与其中。对于中世纪欧洲大部分国家而言，他的著作《完美教学总论》（Summa Perfectionis Magisterii）是很多化学知识信息的主要来源，但是这部作品也有可能出自其他炼金术士之手。

·179·

物质和方法

对于务实的炼金术士来说，不同的方法和一系列器具都是至关重要的。

16世纪《太阳的光辉》中的一幅插画描绘了研究哲人之石的时候出现的四种颜色

所有的炼金术士都会频繁使用熔炉来加热金属和其他物质，但是他们也会尝试所有他们能想到的办法，尽管其中有一些在如今看来十分荒谬，这主要是因为他们不理解这些金属的真实属性。比如，戈伯相信，某种物质可以通过与另一种纯净完美的物质相混合而转换至完美的形态。一般来说，炼金术士认为这种方法就是把金子与基础金属混合后进行发酵，从而达到他们的目的。其他常见的方法还有研磨、固化、蒸馏、升华、苦行和焙烧。熔炉的火可以用作焙烧。焙烧可以将固态物质分解成粉末，但是并不一定要用到加热。炼金术士在实验中会使用蒸馏法来对不同的液体进行提纯，比如醋、蛋黄，甚至马粪。他们也经常在实验室用酸分解包括银和水银在内的原料。一些炼金术士也会在实验室外做实验，他们会将自己的成果放在太阳下晒很长一段时间，以此来达成目标。炼金术士们也承认，有的时候他们能做的很有限。举例来说，专家都知道他们不能让已死之物起死回生。不过从另一方面来说，炼金术士确实相信，如果他们能把已死的东西先还原到它最初的状态，变成最简单的物质，那就有可能再进一步让它转变为它的对立面（也就是生）。

物质和方法

为了防止被不法分子用来谋取不正当利益，手稿中充满了符号和密码。

黑太阳

黑太阳是炼金术领域中不为人熟知的符号之一，代表着变化，对实现炼金术士朝思暮想的转换至关重要。它还与物质的黑化，甚至腐烂有关。这幅图来自《太阳的光辉》（Splendor Solis），即16世纪绘有水彩画的德国书本，具有象征意义，与炼金术的过程和理论相关。尽管这些图片只能追溯到炼金术中世纪历史的晚期，但是我们还是可以从它们的风格中窥见早期炼金术的影子。

四大元素

17世纪的这个具有象征意义的徽章展示了四大基本元素：空气、水、土和火——四大元素分布在徽章边缘。炼金术士认为一旦他们掌握了四大元素，就能按照自己的愿望创造出任何东西，包括金子和不老神药。角上的三角形代表三种精华：水银、硫黄和盐。炼金术士帕拉塞尔苏斯（Paracelsus）相信这三种物质的结合能产生一切金属。

伟大的雌雄同体之人

17世纪由迈克尔·麦耶（Michael Maier）雕刻的《圣坛光晕之象征》（Symboda Aureae Mensea）中，阿尔贝图斯·马格纳斯正指着雌雄同体之人，借此表达在炼金术方面的象征。这幅图画展示了一个在诸多炼金术文本中都很常见的理论，那就是万物都有着一个调和的、单一的属性，任何事物都是由两部分组成的。炼金术士相信如果能够调和这些相对的力量（比如潮湿和干燥、太阳和月亮、雄性和雌性），就找到了随心所欲创造事物的关键，而雌雄同体之人则代表这种调和。

真实的德古拉——刺穿者弗拉德

这个中世纪的军阀到底是一个嗜血的变态还是欧洲的救世主？

中世纪罗马尼亚的这个军阀有着很多别名，每一个都臭名昭著。对某些人而言，他是弗拉德三世（Vlad III）；对某些人而言，他是"龙之子"弗拉德（Vlad Draculea），但是历史记载中的他还有更令人不齿的名字——刺穿者弗拉德，而他最有名的别名还要数德古拉（Dracula）。我们可以从这个名字中看到他嗜血的本性和喜爱的行刑方式——把俘虏插在木桩上，任死尸成林，腐烂殆尽。著名的"刺穿者之林"就是对土耳其人的警告，据说这些威慑策略曾让来犯的奥斯曼军团望而却步。为了守住来之不易的领地，弗拉德无所不用其极。

这位声名狼藉的刺穿者还会用蒸煮、火烧和开膛破肚等方式处决敌人，但还是有一些人把他当作民族英雄，认为他是一个抵御穆斯林侵略的正统基督教徒。不过，让这位巴尔干的军阀震怒不已的人并不只有土耳其的敌人——任何犯下罪行的人，通奸也好，偷窃也罢，不论男女老少，都将受到惩罚。弗拉德在塔格威斯特（Targoviste）广场放了一块金子，以此来测试自己的臣民。在他执政期间，没有人敢偷这块金子。这个引人入胜的故事让我们得以窥见那个战火纷飞的年代，那个能让一个人同时成为恶魔和救世主的年代。

刺穿者弗拉德生于1431年的隆冬时节，父亲是瓦拉吉亚（Wallachia）亲王王储德拉库·弗拉德二世（Vlad II Dracul），母亲不详。他的母亲有可能是摩尔多瓦（Moldavia）的科妮安婕（Cneajna）公主，也有可能是弗拉德二世众多情妇中的一个。不管她是谁，可以肯定的是，她生下的这个孩子日后将会被称为史上最令人闻风丧胆的人物。

弗拉德生活的世界充斥着矛盾冲突和领土争端。从幼年时期起，他就在家人的教育中明白了为家族姓氏而感到荣耀的重要性，知道了要一刻不停地征服反对者，不择手段地扩充自己的领土边界。作为龙骑士团（Order of the Dragon）的一员，他的父亲立誓要捍卫基督教，抵御奥斯曼军团和其他一切信仰不同的族群。弗拉德自己也在巴尔干半岛杀出一条血路，践行了自己的诺言。

弗拉德 5 岁时，他的父亲加冕为瓦拉吉亚亲王，但 6 年以后就退位了。为了重新掌权，他尽力与所有重要的党派保持一致。一开始事情发展还算顺利，他甚至把弗拉德和他的弟弟拉杜（Radu）送至奥斯曼皇朝，以表忠心，换取土耳其人的支持。但是，当龙骑士团要求德拉库·弗拉德二世加入攻打土耳其的圣战时，他此前处心积虑，试图和所有人保持一致的努力似乎都付诸东流了。

这对兄弟由此变为阶下囚，但是尽管被掳为人质，他们还是过着养尊处优的生活。弗拉德和拉杜接受了精英教育，还接受了作战、谋略及军事方面的训练。但是，弗拉德对自己的人质身份一直耿耿于怀。而在看到自己的弟弟拉杜变成奥斯曼帝国苏丹的最爱，并最终皈依伊斯兰教后，他的怒火更是一发不可收拾。

和他的弟弟不同，弗拉德从来不肯轻易就范，也经常为此受到严惩。当他得知自己的父亲和哥哥米尔恰（Mircea）于 1447 年被叛军首领残忍谋杀后，此前的怨恨陡然变成狂怒。他立下毒誓，一定要为自己的父亲和兄弟报仇，而复仇的时机一旦成熟，他一定会毫不留情。

> 他立下毒誓，一定要为自己的父亲和兄弟报仇，而复仇的时机一旦成熟，他一定会毫不留情。

嗜血统治者

刺穿者弗拉德并不是历史上唯一一个实行铁腕统治的统治者——历史上满是残忍的君王和致命的独裁者。

吉尔斯·德·莱斯（Gilles de Rais）

莱斯男爵生于1405年，历史上杀害儿童数量最多的人中就有他的身影。他痴迷于虐待和酷刑，在他手上丧命的人数已经不可考，但是数量肯定超过100。德·莱斯于1440年被处决，人们没有找到他的遗体。

伊丽莎白·巴托里（Elizabeth Bathory）

伊丽莎白·巴托里又被称作德古拉伯爵夫人，据说她在匈牙利的家中谋害了数百名年轻女性。但是她并没有被处决，而是被关在一座城堡的房间里，所吃的食物都是通过房间的一个小窗户递进来的。她最终死于1614年。

阿提拉（Atilla the Hun）

"上帝之鞭"阿提拉曾将无数城市夷为平地。他暴虐无道，任何人都难逃其手，整片大陆的人都对他恐惧有加。阿提拉呛死在自己的婚宴上，致死原因不是鼻腔出血就是内脏出血。

恐怖的伊万（Ivan the Terrible）

这位16世纪的沙皇十分热衷于施虐，他以亲自施虐或看别人施虐为乐。他以刺穿、蒸煮、火烧、斩首及绞刑等方式虐杀了数百人，而这些只是他残忍的施虐手段中的几种。

凯瑟琳·德·梅第奇

这位虔诚的基督教徒因为策划了圣巴托洛缪节（St Bartholomew's Day）的大屠杀而臭名远扬。1572年，当众多新教徒在巴黎围观她女儿与纳瓦拉（Navarra）的亨利（Henry）的婚礼时，据估计有3000人遭到屠杀。

被奥斯曼帝国释放后，弗拉德回到了瓦拉吉亚，成为弗拉德三世。年仅 17 岁的他登上了父亲曾一度失去的王座。但是仅仅两个月后，约翰·胡尼奥迪的（John Hunyadi），也就是世人熟知的匈牙利白骑士就率领着弗拉德一家不共戴天的仇人们攻打瓦拉吉亚。弗拉德被迫出逃至摩尔多瓦，向他的舅舅博格丹（Bogdan）亲王和表亲史蒂芬（Stephen）寻求帮助——史蒂芬之后也成为刺穿者故事的重要人物。

然而，瓦拉吉亚的局势发生了出人意料的转折：胡尼奥迪发现，之前他中意的亲王人选弗拉迪斯拉夫二世（Vladislav II）一心想与土耳其人言和。所以，虽然胡尼奥迪对弗拉德颇有微词，但是二人还是结成了联盟共同商议夺回瓦拉吉亚的大计，尽管他们的同盟成功的概率不大，这个决定也做的十分及时。

1453 年，奥斯曼帝国攻下君士坦丁堡（Constantinople），欧洲顿时门户大开，岌岌可危，夺回瓦拉吉亚迫在眉睫。1456 年，胡尼奥迪率军攻打塞尔维亚（Serbia），弗拉德则带领部队进入瓦拉吉亚。这两个人后来的命运截然不同：胡尼奥迪感染瘟疫，不治而亡；弗拉德则高奏凯歌，杀害了弗拉迪斯拉夫二世。这位瓦拉吉亚亲王 6 年的残暴统治就此开始，一段用鲜血写成的故事也翻开了第一页。

平安登上瓦拉吉亚王位后，弗拉德立刻开始巩固自己的地位。他以表亲史蒂芬之名派出了大量军队，保证自己能顺利攻下摩尔多瓦。现在这两兄弟控制了巴尔干地区的战略要塞，联手给奥斯曼帝国造成了不小的困扰。弗拉德情不自禁地想起自己小时候。被掳为人质的期间，不管他接受了多么优良的教育，他始终都是一个人质，而现在，报复的时候到了。

弗拉德得到情报，知道了当年合谋活埋他父亲和哥哥米尔恰的诸多瓦拉吉亚贵族都是谁。一向狡猾的他设局邀请他们一起过复活节，还让他们带上家人一起享受节日的"欢愉"。这些贵族一现身就被逮捕了，其中最年长的被当场刺穿，年轻力壮的则被强制充为奴役，替弗拉德重修城堡。奴役的生活非常残酷，那些在繁重的劳役中侥幸活下来的人在完工之后还是没有逃过被屠杀的命运。

匈牙利
宗教：基督教

龙骑士团 1408 年成立于匈牙利，其成员都发誓要保护基督教免受其他信仰及异教的侵扰。身为龙骑士团的一员，弗拉德的父亲将奥斯曼土耳其人视为国家最大的敌人，但他还是试图与他们言和。

特兰西瓦尼亚
宗教：基督教

特兰西瓦尼亚可能是与刺穿者弗拉德关系最为密切的地方。长久以来，人们都认为他葬于斯纳戈夫（Snagov）修道院。事实上，大量调查表明，弗拉德的遗体实际安葬在科玛纳修道院。尽管如此，斯纳戈夫还是没有与刺穿者脱开关系。

保加利亚
宗教：基督教 / 伊斯兰教

保加利亚的人民仍然将弗拉德当作卫国英雄来崇拜。他刺穿了成千上万盘踞在此的土耳其人，在瓦拉吉亚给信仰基督教的保加利亚人提供了安全的避风港。除他们之外的其他人则遭到屠杀，路边死尸成林，满地首级，生灵涂炭。

摩尔多瓦
宗教：基督教

弗拉德的表亲及皇家盟军史蒂芬大帝因在巴尔干抗击奥斯曼帝国有功而受到人民的爱戴。据说他建造了44座教堂，每一座都标志着一次凯旋。1992年，他被罗马尼亚正教教堂（Romanian Orthodox Church）封为圣徒。

瓦拉吉亚
宗教：基督教

弗拉德的一生都在为了保住家乡这块争端不断、战略意义重大的地方而战。他执政3次，住在波奈里城堡（Poenari Castle）这个一夫当关万夫莫开的要塞里，重修这个要塞的就是被他俘虏的奴隶。

土耳其
宗教：伊斯兰教

奥斯曼帝国的所在地。弗拉德和弟弟拉杜被掳为人质时就生活在这里的托卡特城堡（Tokat Castle）。虽然二人在此期间过着体面的生活，但是作为人质的羞耻感已经深入这个年轻人的骨髓。数年后，他对土耳其人进行了残忍的报复。

有故事记载了弗拉德的暴戾恣睢,尤其是对瓦拉吉亚女性的残酷无情。

弗拉德·采佩叶(Vlad Tepes)是以残暴闻名的巴尔干军阀,他统治期间执行铁腕政策,以及"尖木桩"酷刑

也有故事记载了弗拉德的暴戾恣睢，尤其是对瓦拉吉亚女性的残酷无情。他对那些在结婚之前就已经失身的女性施以酷刑，把他们的孩子活活烤熟，然后喂给他们的母亲吃。奸商被木桩插死，弗拉德的一个敌人甚至被斩成两半。有传言称弗拉德以刺穿老鼠和鸟为乐，但多数传闻都只是猜测。这些传言有好处也有坏处：一方面，它们能给敌人或者潜在的侵略者造成威慑；另一方面，它们也会歪曲事实。

当然，不是所有的故事都是谣传。当苏丹穆罕默德二世（Sultan Mehmed II）宣布瓦拉吉亚归属奥斯曼帝国时，弗拉德并没有坐以待毙。他以协商为名，邀请土耳其派出公使。不过，公使到达他的朝廷后就被拘捕，随后他把他们的头巾钉在了他们的头上，当场杀害了他们。之后，弗拉德才指出，觐见亲王时，如果没有举起头戴之物，将被视为无礼。

苏丹暴怒不已，派出了自己信得过的公使哈姆扎·贝（Hamza Bey）去觐见弗拉德。他给贝下达的指令很明确：无论如何都要替奥斯曼帝国拿到瓦拉吉亚的统治权，就是杀掉那个不肯妥协的统治者也在所不惜。贝和他的随行人员在走到瓦拉吉亚郊区时遭到了埋伏，原来弗拉德早已在那里等着他们了。贝手下的士兵们被钉在了木桩上，而为了表达对贝的尊重，弗拉德将他钉在了最高的那根木桩上。

弗拉德所到之处皆是血流成河。他对奥斯曼帝国那些土耳其人的怨恨从未消失，连敌人的失势对他来说也远远不够，他要的是亲自到场杀掉每一个人。凭借着被掳为人质期间掌握的土耳其文，他将自己的势力渗透进土耳其人在保加利亚（Bulgaria）的每一个要塞。他的军队屠杀了无数男人、女人和孩子，不仅残杀士兵，连平民也不放过。整片大地回荡着伤者和垂死之人的哭号声，空气中满是村庄烧毁后的浓烟，人们全都谈其色变。

眼看着自己在巴尔干建立的帝国慢慢淹没在被弗拉德屠杀的人的鲜血中，苏丹穆罕默德二世开始反击。早已皈依伊斯兰教的美男公拉杜（Radu the Handsome），也就是弗拉德的弟弟，加入了90000人的奥斯曼大军，于1462年越过多瑙河（the Danube），一路向瓦拉吉亚推进。但是弗拉德并没有选择和这些进攻者正面对抗，而是趁着夜色进行伏击，一次解决几千人，不断蚕食他们的战斗力和士气。对自己领土了如指掌的他利用自己的才智，专门选择在关口和峡谷进行袭击，将对手打个措手不及。

但是匈牙利国王马西厄斯·科菲努斯（Matthius Corvinus）并没有像弗拉德从前那样，集结大军支援弗拉德。胡尼奥迪的这个儿子仍然对刺穿者有所顾忌，似乎不知疲倦的土耳其人再一次发起攻击时，弗拉德开始向科菲努斯寻求帮助。但是科菲努斯有自己的打算，他将弗拉德关进了大牢。四年的牢狱生活让弗拉德吃尽了苦头，但是狡猾的刺穿者并没有被打败。

1474年，弗拉德获得了特兰西瓦尼亚（Transylvania）的巴托里·史蒂芬五世的援助，在二人的联合出击下，弗拉德的权杖失而复得，开始了第三段统治，不过这次土耳其人发誓要永远终末他的统治。1476年年末，自以为已经安全的弗拉德出巡乡间，此前一直按兵不动的土耳其人终于发起了攻击。

由于瓦拉吉亚的收复战刚刚结束，弗拉德还没有时间重新补充兵源，只能以几千人去迎战浩浩荡荡的土耳其大军。和他的出生一样，关于他的死亡也说法不一。有人说他和他的忠臣并肩奋战，最后光荣牺牲；有人说他被叛变的贵族所杀；还有的人说土耳其人将他斩首，并将其首级插在木桩上游街示众。没人能够确定他最后的安息之所，但是人们很有可能遵他遗嘱，将其安葬在了朱尔朱郡（Giurgiu）的科玛纳（Comana）修道院。

他死去的数个世纪后，那些尸

体之林仍然散发着恐怖的魔力，直至今日，人们还是对他褒贬不一。我们这些现代人对弗拉德的印象可能并不是来源于布莱姆·斯托克（Bram Stoker）的《德古拉》，而是来源于那些用鲜血淋漓的细节来描述弗拉德的德国文本，这些文本详细描述了他的每一个残暴行径，不管它们是否真实存在。这些绘有插图的小册子售出了成千上万本，将这位残酷无情的军阀的故事传遍了整个欧洲。很快这些小册子就被汇编成一个完整的系列，大众争先恐后地购买，看的时候，他们一方面恐惧不已，一方面却又不能自拔。

但是，当人们离弗拉德的家乡越近，听到的赞美也就越多，这可能并不是什么怪事。在罗马尼亚，他是一个英雄，被认为是连上帝都惧怕的人民守卫者。刺穿者是一个重要的民族人物，他孤身一人为基督教抵御了奥斯曼的千军万马。

距离弗拉德三世死去已经过去了约600年，但是他的传说却并没有消失。他在电影、文学作品和神话故事中被塑造成了不死之身，刺穿者弗拉德和那些死于他之手的人继续在历史舞台里活跃着。

从瓦拉吉亚亲王到暗夜王子

文化史学家大卫·小斯卡尔（David J Skal）看德古拉和他的历史同名人之间的联系。

关于布莱姆·斯托克（Bram Stoker）和德古拉的众多误解中，最广为人知的就是，有人相信斯托克这本经典恐怖故事的灵感来源就是史上真实存在的弗拉德·采佩叶（Vlad Tepes）。这个别名源自弗拉德处置敌人时使用的残暴方式。但是在他生活的年代里，人们知道并惧怕的弗拉德被称为德古拉（Dracula），也就是恶魔之子，或者龙之子的意思（这两个意思在罗马尼亚语中都是用同样的词来表示）。

那么，木桩和刺穿一说真的和斯托克在小说中描述的，用来消灭吸血鬼的著名方法有关系吗？并没有。事实证明，斯托克甚至根本不知道弗拉德和木桩之间的联系，至于曾说弗拉德用受害者鲜血蘸面包的的德国传说，斯托克也找不到相应的译本。

事实上，斯托克只参考了1890年暑假，他在英国北约克郡惠特比（Whitby）海边度假胜地的一座图书馆中找到的一本书。这本书给了他德古拉这个名字，但是并没有提到任何吸血或刺穿的事情。

斯托克自己从来没有到访过罗马尼亚的瓦拉吉亚或特兰西瓦尼亚地区，他只是在家中参考了地图和旅行指南。他也没有对这个臭名昭著的刺穿者进行任何额外的研究。事实上，当他偶然发现德古拉这个名字的时候，就已经构思好了整个故事，已经想好了要利用这个名字给自己的故事加上历史的沧桑感。毕竟相比于德古拉这个名字，他最初想到的"吸血鬼伯爵"（Count Wampyr）这个名字实在是太过直白，在吸引力上远不及德古拉。

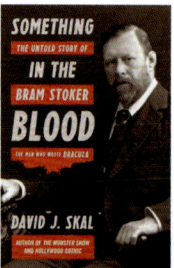

大卫·小斯卡尔的《血中物：〈德古拉〉作者布莱姆·斯托克不为人知的故事》（Something In The Blood: The Untold Story of Bram Stoker, The Man Who Wrote Dracula）于2016年10月28日出版。

刺穿者弗拉德在尽情用餐，而他的受害者则在极度痛苦中缓慢死去

弗拉德 VS 特兰西瓦尼亚的撒克逊人

这场纷争造就了他暗夜王子的名称。

一直以来，有权势的特兰西瓦尼亚的撒克逊人就是刺穿者弗拉德的反对者，毫无疑问，这种反对的声音为他们招来了灭顶之灾。尽管撒克逊人在特兰西瓦尼亚的人数并不算多，但是他们位高权重，控制着这片地区的要塞及工业。几个世纪以来，匈牙利王公们都赋予了他们特殊的地位，但是弗拉德上位后，一切都发生了变化。

特兰西瓦尼亚的撒克逊人反对弗拉德对附近瓦拉吉亚的统治，于是选择支持他的敌人——特兰西瓦尼亚丹三世（Dan Ⅲ）。不仅如此，他们还享有瓦拉吉亚商人无法享有的贸易特权，所以当弗拉德对撒克逊人征收重税时，他们拒绝付税。这一情况一直持续到 1459 年弗拉德的军队横扫克琅施塔德（Kronstadt），也就是如今的布拉索夫（Brasov）并把这些商人拉上了坦帕山（Mount Tampa）。

在这座俯瞰整座城市的山上，那些曾经斗胆反抗这位统治者的商人被残忍屠杀。觊觎王位的丹三世也被俘虏，被迫为自己挖了坟墓。当这个坟坑足以装下一个人时，弗拉德才让他停了下来。之后，弗拉德又强迫他为自己念悼词。当丹说出了最后一个字后，弗拉德砍下了他的头。

有传闻说弗拉德在垂死的撒克逊人之林中大摆宴席，就着受害人回荡在天空中的哀号声吃饭。这是第一批将弗拉德和吸血鬼传说联系起来的描述，后来这些吸血鬼也成了弗拉德的代名词。

维多利亚时代的死亡崇拜

本文将从迷信和古怪仪式等角度探秘维多利亚时期对待死亡那令人着迷而又恐惧的手法。

　　维多利亚时代（通常认为是1851—1901年），死亡变得商品化了：市面上不仅出现了专为死者拍摄遗照的照相馆，还涌现出了很多售卖丧服的商店。此时的英国已经步入了工业时代，努力工作被视作赚钱的不二法门。到了19世纪末，英国出现了义务教育；整个西方世界的识字率大幅提高，科学和医学的发展也方兴未艾。然而与此同时，贫富差距无比悬殊，贫困水平持续走高，经济萧条时常发生，死亡率又居高不下，这一切的一切使得许多人对终将到来的死亡都感到惴惴不安。

　　媒体的发展让形势变得更加糟糕，翻开报纸，目之所及皆是灾难和毁灭，诸如19世纪40年代的大饥荒，名人、王孙贵族和贫困百姓的死亡报道。而新闻记者在描述城市贫民艰苦的生活条件时更是添油加醋，无所不用其极。

　　不论是在现实生活里还是媒体报道中，死亡都随处可见。英国和美国的报刊业在报道恶心离奇的死亡事件以及其后的验尸结果时都无比详尽，不放过任何细节。维多利亚时代还出现了插图报纸，上面会刊登离奇死亡事件中的尸首图画，其目的都在于刺激和吸引读者。鉴于日常生活中死亡随处可见，我们便不难理解为何维多利亚时代的人会通过写作和品读各种死亡事件，甚至通过即兴购物来解析这一原本无比沉重的话题了。

常见的夺命杀手

——死亡无处不在，而下面这些是所有致死手段中最为常见的——

维多利亚时代是一个疾病肆虐的时代，很多我们今天不屑一顾的小病在当时却很可能夺人生命。除了染疾之外，自杀也是夺人性命的常见手法——不堪精神压力或经济负担的人常常会选择这一极端的做法，此外，由工伤事故或其他工业事故引发的突发死亡（当时尚未有法律法规来保障人们的健康和安全）也常常会置人于死地。至于孩子，哪怕是蜡烛的火苗滴到了衣服上，或是水壶里的热水洒到了他们身上，都很可能夺去他们幼小的生命。总而言之，想在维多利亚时代正常地活下去绝非易事；这里充斥着危险。

霍乱在 19 世纪无比猖獗，生活在这一世纪上半叶的人们并不知道究竟是什么导致了这种传染病。大多数人认为它是由瘴气——亦即恶劣的空气所致，譬如下水道释放出来的臭气。到了 19 世纪中叶，经英国医生约翰·斯诺（John Snow）证明，饮用公共水管内被污染过的水才是引发霍乱的真正原因。

在盘尼西林（一种青霉素）投入使用之前，猩红热是另外一种极易致死的疾病，特别是在儿童之间。嗓子痛、发烧以及起红疹都是染上这种疾病的症状。

伤寒，或称伤寒热，是一种传染率极高的细菌感染病，在孩童当中流行最为广泛，因为他们的免疫功能比大人要弱很多。发病症状包括胃痛、头痛和高烧，保健工作不到位或个人卫生习惯差都可能导致高烧。

在维多利亚时代，溺水身亡既可能是意外事件，也可能是有意为之——毕竟，那个时代会游泳的人并不多。米莱曾在 1852 年创作了一副落水的奥菲莉娅（Ophelia）画作，但这毕竟只是文学作品的情节罢了，现实远没这么浪漫。

在维多利亚时代，肺结核被称为"肺痨"，据说勃朗特三姐妹皆死于这种疾病。得了这种肺病的人会剧烈咳嗽，日渐消瘦，还会发高烧。和这一时代很多其他疾病一样，肺结核会经由空气传播，传染性极强。

垂死病中惊坐起

由于惧怕被活埋，人们在棺材中加入了很多精妙的设计。

由于医疗实践的缺漏，19世纪的人常常会被错误地活埋。为了鉴定死亡，人们常常会将一片热面包放在"死者"脚上，观察其是否有反应，所以，1896年英国成立了"伦敦预防早埋协会"便不足为奇了。其成立宗旨在于确定"死者"在被置于棺材之前是否真的已经死亡了，这无疑反映出整个西方社会的恐惧情绪。人们在棺木中加入了多重设计，就是为了确保被误埋葬的人能够逃出。

视窗
棺材上安装的玻璃盒让躺在棺材里的"死者"能够查看棺材里是否装了安全保护。

安全保护
躺在棺木里的人能够向上推动该装置，使其运作起来。然而，由于尸体的膨胀，该装置可能会被错误启动。

生命迹象
一旦被启动，物体就会通过视窗被推到外面去。这未必每次都奏效，但是通过这种方式，外面的人很容易就能注意到棺材里的异动。

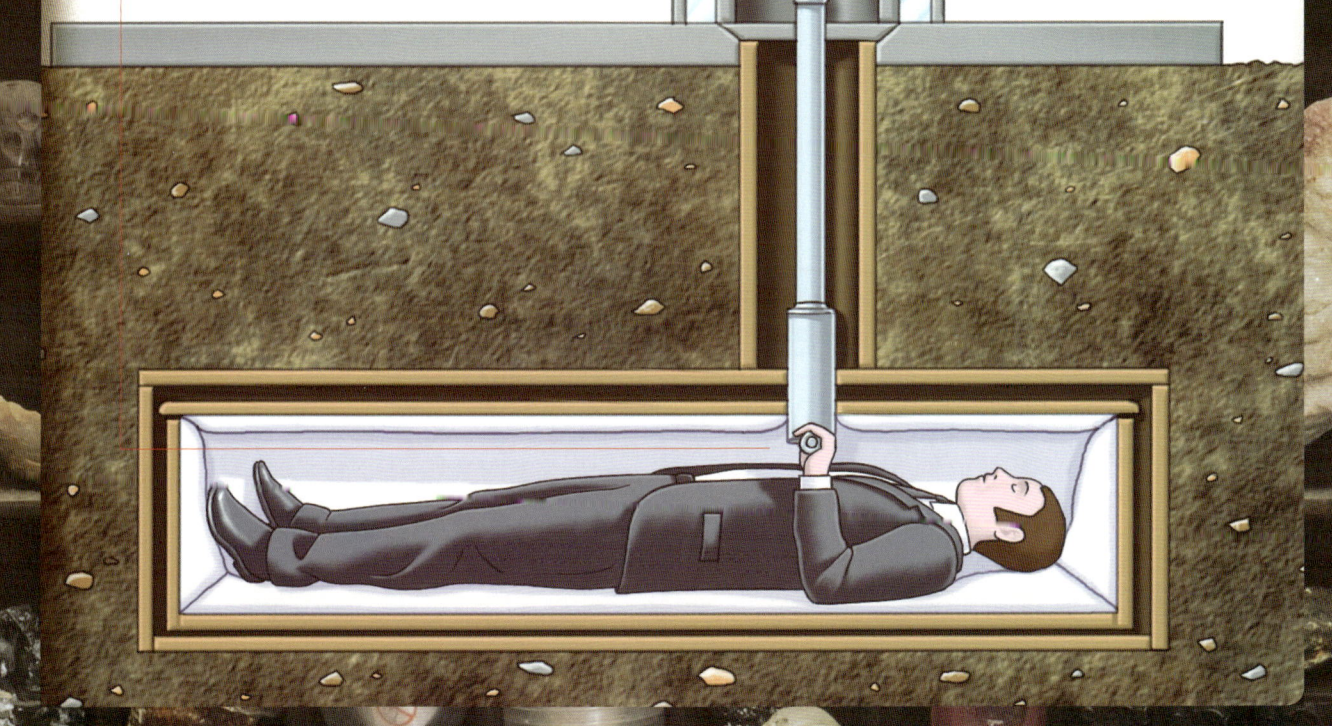

死得体面

在入土为安之前，人们会为死者安排一系列程序。

每当有人死去，维多利亚仪式就会启动。在美国，死者停止呼吸那一刻，周围的人会将窗帘落下，时钟也会被迫停摆。他们曾经居住过的屋子会被黑绉纱盖住，前门会摆放上花环。屋子四周则会摆满花和蜡烛——这么做并不是为了烘托气氛，而是为了掩盖掉尸体发出的恶臭。尸体通常会置于家中4天左右，而到了维多利亚时代，停尸的时间缩短了很多。

为了保护其他的家庭成员不被死者的魂魄所扰乱，全家合照会面向下放置。在德国，人们会聘请验尸女工来清理尸体，清洗干净后为其穿上衣服。而在其他地方，这一任务通常是由家中奴仆或是女性成员执行的。死者要尽可能看起来体面，因为人们会相继过来吊唁，而前来追悼的人常常会被主人招待以食物和水。

太平间是用来停放尸体的，在被送去入殓之前，尸体会由身着黑服的专门人员看护，目的就是为了让哀痛欲绝的亲属明白他们挚爱的亲人在死后也能得到尊重。看护人员通常是女性，之所以这么做，大概是因为女性拥有天赋的慈爱本性吧。

在欧洲和大西洋沿岸地区，人们在抬尸时通常会先把死者的双足露出来，以防死者的魂魄与其家人纠缠不休并把亲人也带走。然而，出席葬礼的却多半都是男性。在19世纪上半叶，上流社会的妇人不被允许参加葬礼，尽管她们曾亲手为死者的棺材插满鲜花，或是剪下死者的一束头发放在小盒子里、胸针里或是戒指中，即便是维多利亚女王也未曾参加她挚爱的丈夫阿尔伯特亲王的葬礼。

到了维多利亚时代，死亡变得庄严而仪式化起来，人们不但会将死者置于棺木之中，而且还会雇来车马抬运棺材

警惕盗尸者

许多葬礼隆重至极，以致招来了盗尸者。

为了向死者告别并且留住那些美好的记忆，维多利亚时代的人不惜花重金举办各种仪式。最富有的人通常会选择一处华丽的坟墓，而其他财力稍逊的人则会置办一处墓碑或是纪念碑。由于象征着天堂使者，天使塑像尤为受人欢迎，而沉睡的童子、鲜花和鸽子也是墓碑上最常见的雕像。出于对盗墓行为的恐惧，人们更加渴望在墓碑上留下永久印记。

掘墓盗尸行为在19世纪早期的英国和美国尤为猖獗，而将未腐烂的尸体卖给医学专科学校可以获取暴利。早在维多利亚时代以前，解剖系的学生就用被绞死的罪犯的尸体来做实验。然而，有限的尸体数目无法满足日益增长的学生数量，于是便催生了贩卖尸体牟取暴利的这一行当。死者的家属和朋友恐惧万分，会彻夜守在死者身边，直到其入土为安，除了安装上铁笼（保护棺材的铁条）之外，人们还会用铁棺材来抵制盗墓行为，甚至生前还会留下遗嘱，希望家人用坚固的棺材来埋葬自己。

英国于1832年颁布了《解剖法案》（Auatomy Act），规定无人认领的尸体和亲属捐赠的遗体将全部用于科学研究，从而有效地终结了尸体交易。然而，美国的情况却不同了，这种邪恶的交易一直延续到19世纪末，原因就在于医学院数量的增加。到了1878年，一位美国国会议员的尸体被俄亥俄医学院的几名学生非法掠夺。但是，即便维多利亚时期尸体抢夺现象已经越发少见，人们对于盗尸行径依旧十分骇然，同样不变的还有他们对于逝者永恒的追忆。

为防止盗墓或偷盗尸体而专门设计的铁笼

死亡隧道

巴黎的地下暗室藏着六百万人的遗体。

在巴黎市中心地下，素有"地下墓穴"之称的前城门南部，存在着许多城市墓穴。自18世纪80年代开始，已有超过六百万人的遗体被搬到这里。游客现在能看到的堆积如山的头骨，虽经世事变迁却依然清晰可辨，要归功于19世纪的种种革新，彼时，墓地已经泛滥成灾。成堆的遗体被抬往原巴黎采石场，头盖骨和骨架从地面一直堆到天花板。甚至还设立了专门的房间来陈列残缺不全的骨架，以及各种纪念碑。从19世纪50年代开始，城市墓穴每年向公众开放四次，而随着参观人数的增长，到了20世纪初期，这些墓穴每天都会有人前来光顾，并且从中衍生出一种死亡崇拜。

巴黎城市墓穴中堆积的头盖骨和人体骨骼的其他部位

20 米
墓穴深度直逼5层高的建筑物

800 米
藏骨堂"展馆"总长度约为800米

14 摄氏度
墓中恒温约为14摄氏度

死亡象征物

维多利亚时代出现了许多极具艺术表现力的死亡象征物。

维多利亚时代，死亡象征物是用来提示人们铭记"死亡随时有可能降临"的物件，形式多样，不一而足，包括刻有相关死亡格言的手表，嵌有已故挚爱之人发丝的戒指，设计成头盖骨形状或装有头骨印记的胸针，凡此种种，既是为了纪念逝者，也是为了警醒活着的人他们也终会有这么一天。而维多利亚时代最令人惴惴不安的死亡象征物莫过于死者的验尸照片了——活着的人常常要忍痛和他们已故的亲人合照。鉴于其价格昂贵，很多时候一个人一辈子只能拍一张，而这也会是他这一辈子唯一拍过的照片。

这位身着丧服的小姑娘手捧着已故父亲的照片

镶嵌有逝者发丝的纪念胸针。

悼念仪式

从丧服到葬礼，维多利亚时代在处理死亡方面有着严格的制度。

维多利亚女王在阿尔伯特亲王死后多年变得越发不得民心。对于丈夫的离世她似乎过于悲伤了，她整日蒙着一层寡妇黑纱，并且避而不见人。在维多利亚时期，人们在处理死亡以及丧葬仪式方面制定了许多规则，并且对此期待满满。甚至葬礼时该穿什么都有很多繁文缛节，多到甚至出现了指导人们该如何选择合适的丧服、某种类型的丧服该穿多久的家庭手册。最初，妇女会身着颜色深沉的丧服，通常是黑色，由丝绸、斜纹布（丝绸、棉纱、毛等织成）或绉纱制成。渐渐地，丧服的颜色变成了稍微明亮些的灰色或淡紫色。而穿着丧服的时长取决于逝者的身份：丈夫逝世，妻子需要穿两年丧服，而如果是堂或表兄弟姐妹过世只穿一个月即可。

不但身着丧服有很多讲究，专营丧服的商店亦是如此。在维多利亚时代的人看来，不但在家中放置"随时待命的"丧服会招致厄运，每次有人过世都买新丧服也是不幸的征兆，故而情况愈演愈烈。黑边信笺也供不应求，当死者家属想要向他人表明自己已经走出阴霾、打算重新开始与人来往时，便会给朋友寄送卡片，如果不然，这些朋友便会出于尊重其隐私的原因不敢与他们打交道。如果卡片是咨询近况的，他们则有义务寄送回留有"感谢关心垂询"字样的卡片。和这一时期其他风俗一样，这么做是出于社交的目的，正如一本杂志所评论的那般，人们应该严格恪守"约定俗成的礼仪"，哪怕仅仅是为了不"惊动"社会或是显得"不近人情"。

丧葬用品广告

和逝者对话

心思狡猾、花言巧语的人如何成为了维多利亚时代的宠儿。

招魂说——即相信鬼魂真的存在,而且可以与之进行交流的一种说法,是于1848年在美国三姐妹利亚(Leah)、玛格丽特(Margaret)和凯特·福克斯(Kate Fox)的推动下发展起来的。三姐妹经由一场骇人听闻(毫无疑问这是捏造的)的鬼故事而声名大噪,据传她们通过一系列的敲击和在家中游荡的鬼魂来交流——敲一下表示"是",两下意味着"否"。一时间流言四起,人们纷纷认为这个鬼魂其实是三姐妹藏在地窖中的一位小贩的尸体变的。三姐妹于是被当作可以和魂魄通灵的媒介,借此,她们狠狠地赚了一笔:她们会召集一拨人举行降神会,在此期间,她们会按照观众的要求和魂魄交流。

人们开始纷纷效仿这三姐妹,一时间,全美和全英涌现了许多"灵媒",她们会在家中的暗室或是更为诡异的地点举行私密集会——当然,这样的活动是收费的。

有些人怀揣着善意而来,坚定地认为这些灵媒真的拥有和死者对话的能力,但却总是事与愿违:她们中的大部分人都是骗子,常借暗淡的煤气灯、手上的"老千"或其他奇妙的装置来欺骗那些无知的观众。令人悲伤的是,大部分人明知是一场骗局,依然心甘情愿地选择相信。科技的迅猛发展使得人们觉得一切皆有可能。如果各大洲的人可以通过电报来传递信息,那么为什么他们不可以和魂灵沟通呢?

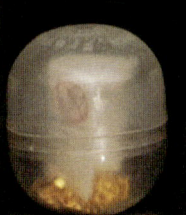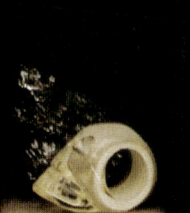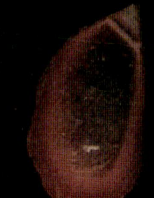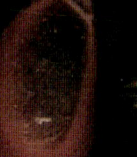

牵住我的手

所有的灯都被调暗或是彻底熄灭后，灵媒会邀请在场人员握住其左边或右边人的双手，或是攥住其手腕，以此来保证在场的人没有犯规。

逝者的灵魂出现

灵媒接着会将自己的手伸向桌子的另一端，或是借助蜡像手、毛绒手套或是伸缩钓鱼竿来完成这一动作，接着便会宣布逝者的灵魂已经在被感召的路上了。

声效

应"幽灵店主"的要求，锯木的声音可以通过在地板上拖拉喇叭或是上下移动可拆卸的零部件来产生。

真空传来的声音

在其他降神会中，喇叭的使用是正大光明的，通过它将幽灵的窃窃私语传递给在场观众——不论灵媒是腹语术者还是有暗中同谋。

幽灵驾到

灵媒会假装神情恍惚来和幽灵沟通，同时抽动和扭曲自己的一只手。为了和灵媒保持一致，另一旁的观众会自觉不自觉地也摆动自己的手。

幽灵喘息

1925年的一项记录显示，一位死去的农民被从坟墓中召唤了出来。然而事实上，他抽水的声音是通过旁边一只可人为控制闭合拆卸的喇叭发出的。

幽灵之光

通过向棍子上涂抹发光颜料，我们可以看到在桌子上空盘桓的神秘的发光天体、物体，甚至是人脸的影像。

致命的溺水

在所有相关记录中，最令人心碎的莫过于这条了：一个灵媒偷偷地在桌子上摆了一盆水，而后通过向吸管中吹气来模仿溺水现场。他还高呼着模仿溺水者的声音，凄切地喊着"救命！救命！"

讲述鬼怪故事

在物质条件极度艰苦而死亡率又居高不下的时代，维多利亚时期的人对于恐怖故事有着一种病态的情结。

哥特式小说恐怖故事起源于18世纪晚期，但是在维多利亚时期达到鼎盛。从布拉姆·斯托克（Bram Stoker）所著的《德拉库拉》（Dracula）（1897年），到罗伯特·路易斯·史蒂文森所写的《哲基尔博士与海德先生的奇怪案件》（The Strange Case of Dr. Jekyll and Mr. Hyde）（1886年），维多利亚时期的读者对于怪物和食尸鬼的故事有着浓厚的阅读兴趣，这些故事在令他们感到毛骨悚然的同时，又给予了他们淋漓尽致的快感。

这种题材的小说并不局限于在英国流行：在德国，刻画类似故事的小说被称为战栗小说（令人发抖的小说），而在俄罗斯，弗拉基米尔·奥德耶夫斯基（Vladimir Odoevsky）在1838年创作了《活尸》（The Living Corpse），甚至连大文豪阿列克谢·康斯坦丁诺维奇·托尔斯泰（Aleksey Konstantinovich Tolstoy）都于1836年写作过《吸血鬼》（The vampire）一书。在美国，最著名的恐怖小说家莫过于埃德加·艾伦·坡（Edgar Allan Poe）了，他创作的狂魔故事被认为深得德国哥特式小说遗风。《危舍府的倒塌》（The Fall of the House of Usher）和他的诗《乌鸦》（The Raven）即使在今天读来依然令人毛骨悚然。

维多利亚时代的哥特式恐怖小说题材通常涉及死亡，或是对死亡的恐惧，其反映的是整个社会对死亡这一话题的沉迷——而这一切的罪魁祸首就是居高不下的死亡率以及对疾病的恐惧。对犯罪的恐惧以及农村人口转移也加剧了人们对于陌生人的不信任感。在城市化程度较低的早些年间，社会治安良好得多，人们也更愿意对邻居敞开心扉，而现在，彼此之间筑起了一堵冷漠的高墙，陌生人数量的过快增长加剧了文学创作的妖魔化。

在工业革命的冲击下，文学作品中的城市常常被描述成混乱而又黑暗的地方，与此同时，贫富差距的拉大也被描述成一种罪恶，这在布拉姆·斯托克（Bram Stoker）和查尔斯·狄更斯（Charles Dickens）的作品中都可见一斑。但无论如何，人们对于哥特式恐怖小说的痴迷反映出维多利亚时期的人对于死神、死亡和葬礼的过分关注。

罗伯特·路易斯·史蒂文森（Robert Louis Stevenson）在描述令人生厌的海德（Hyde）先生的故事时利用了维多利亚时代的人们对于怪物的恐惧心理

怪物的含义

19世纪作家笔下的人物助长了人们对于陌生人、犯罪和疾病的恐惧之情。下面这些是其中影响力最广的虚构人物。

德拉库拉伯爵

德拉库拉伯爵是一个吸血鬼,总是游走在生死之间。在他身上,我们可以看出人们对于移民和性乱交的恐惧。被他咬上一口就会染疾,而"解药"则是寻找能够让伤口愈合的方法。

海德先生

神秘兮兮的驼背海德先生是哲基尔博士的分身,他自己发明了一种药剂,服食之后就变成了现在的诡异模样。海德不但象征着维多利亚时期的人所羞于提及的性,同时还象征着某种超自然力量。

弗兰肯斯坦的怪物

维克多·弗兰肯斯坦(Victor Frankenstein)笔下的怪物是由死刑犯的肢体拼凑而成的,这一形象不但象征着人们对于掘墓盗尸行为的忧虑,还反映出人们对于医学和科学事业过快发展忧心忡忡,特别是电的发明与发展,既可以给人们带来福祉,又极有可能引发祸患。

希斯克利夫

作为《呼啸山庄》一书中的反派,希斯克利夫并不是物理意义上的怪物,但其内心深处却比野兽还要凶猛。他的出身背景未知,性格残忍,被身边人所畏惧。个性阴鸷又被社会所放逐的他,像极了海德以及弗兰肯斯坦笔下的怪物。

大木偶剧场(巴黎的一个剧院)内的谋杀和故意伤害罪

法国曾有一间剧院让人提及便忍不住作呕。

巴黎的大木偶剧场于1897年开放,由于上映的影片充斥着谋杀和暴力而让观众止不住作呕,甚至昏厥。它创建的宗旨是挖掘适于在剧院播放、生活中并不常见的题材,比如说犯罪、妓女和邪恶庇护等,以此来抨击社会的不平等现象;其名字取自法国一出血腥木偶剧,风格类似英国的《潘趣与朱迪》(适合儿童观看),但是事实上剧院内播放的影片却是限制级的,只有成年人才能接受。

这家剧院原本是一家小教堂,内部的"忏悔"包厢、无处不渗透出的哥特风以及舞台侧面的角度增加了血腥画面的真实感,让整个地方看起来更加诡异。剧院内上映的影片极具个人意识,讲述如何和死后的世界及那里的人沟通,这便是这家剧院成功的秘诀。死亡在现实生活中无处不在,但是木偶大剧场以可视化的方式将这种恐惧感表达出来,通过帮助观众理解死亡来给予他们心灵上的安慰,让他们知道死并不是绝对的。

木乃伊归来

随着"埃及热"在英国大地的漫延,围绕千年之尸(木乃伊)的一系列令人毛骨悚然的习俗开始流行起来。

在古代埃及人眼中,为逝者送行、修葺陵墓并且用他们生前的物品将其埋葬起来是非常必要的,只有这样他们才能在另一个世界得到安宁。对崇尚变态、复杂礼仪的维多利亚时期的人而言,古埃及人的做法无疑为他们树立了典范。纵观整个19世纪,从妇女参加葬礼所佩戴的首饰(通常是方尖碑或圣甲虫造型),到墓穴、陵墓、墓地大门甚至是整块墓碑,无处不显示出受到了埃及建筑品位和装饰风格的影响。

"事实上,这种伪科学的行为是利用了人们的恐惧和寻求刺激的心理。

19世纪40年代,德国埃及古物学者卡尔·理查德·列普修斯(Karl Richard Lepsius)翻译了一系列古埃及人留下的书卷,详细地解释了古埃及人关于死亡和来世的信仰,据书中记载,死者可以通过某种方式复生。自然而然地,维多利亚时代的人对埃及木乃伊非常好奇。从18世纪晚期到19世纪早期,大量文物开始从埃及进驻欧洲——其中包括意大利和德国,但重点还是在英国。及至此刻,人们对于这些死尸的好奇达到了顶峰。

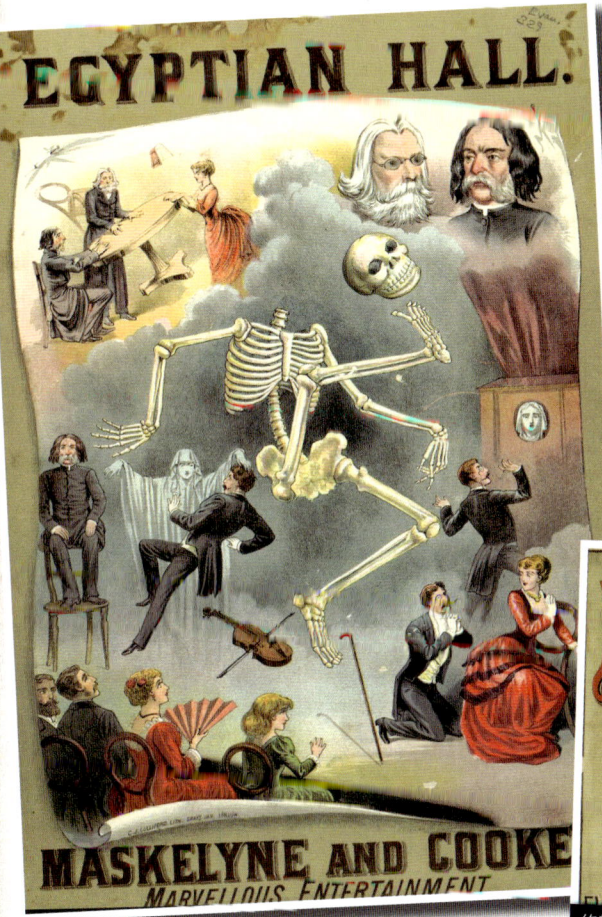

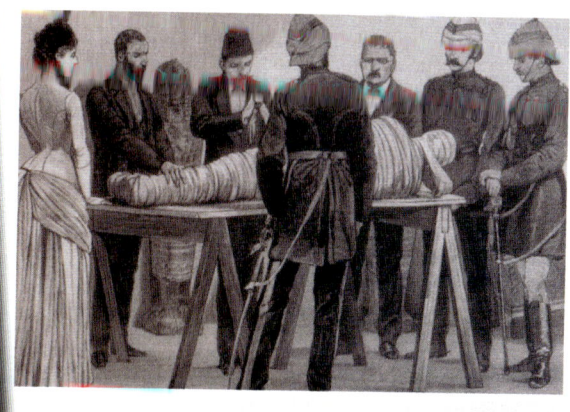

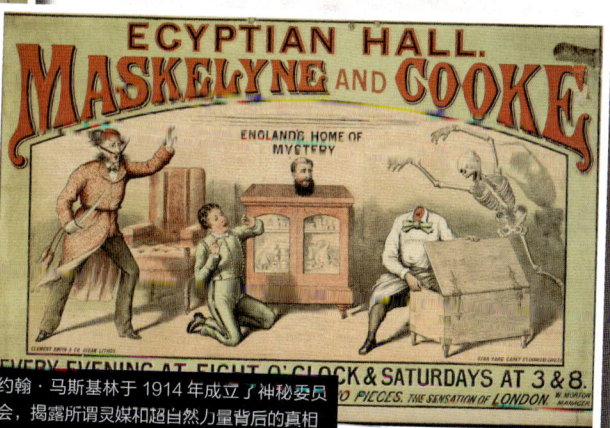

约翰·马斯基林于1914年成立了神秘委员会,揭露所谓灵媒和超自然力量背后的真相